Gedichte
in Stundenbildern

1. Jahrgangsstufe

Herausgegeben von Oswald Watzke

Erarbeitet von Klaus C. Haase, Peter Högler, Günter Krönert, Oswald Watzke, Maria Werner

Zeichnungen: Peter Seuffert

Unterrichtsvorschläge mit Kopiervorlagen

Verlag Ludwig Auer Donauwörth

Gedruckt auf umweltbewußt gefertigtem, chlorfrei gebleichtem
⁻ alterungsbeständigem Papier.

1993
ᵘer GmbH, Donauwörth. 1990
ᵃlten
ᵈwig Auer GmbH, Donauwörth

⸱ᵣ

Inhaltsverzeichnis

Vorwort

Die Verfasser, die sowohl in der 1. und 2. Phase der Lehrerbildung als auch in der Schulpraxis tätig sind, legen eine Modellreihe mit je 22 Stundenbildern über Gedichte in der Grundschule vor, und zwar mit folgenden vier Einzelheften:

Gedichte in Stundenbildern für die 1. Jahrgangsstufe (mit Kopiervorlagen),
Gedichte in Stundenbildern für die 2. Jahrgangsstufe (mit Kopiervorlagen),
Gedichte in Stundenbildern für die 3. Jahrgangsstufe (mit Kopiervorlagen),
Gedichte in Stundenbildern für die 4. Jahrgangsstufe (mit Kopiervorlagen).

Die Wendung „in Stundenbildern" weist darauf hin, daß es sich um erprobte und praktikable Unterrichtsentwürfe handelt. Diese wurden in ihrer Struktur „Sachanalyse, didaktische Analyse (mit Lernzielen), Verlaufsplanung und Weiterführung" bewußt einheitlich, im methodischen Vorgehen jedoch bewußt unterschiedlich und damit vielfältig gehalten.

Eine methodisch bedeutsame Rolle in den Phasen der Textbegegnung, der Texterschließung oder -verarbeitung spielen die illustrierten Textvorlagen. Diese 22 Textvorlagen, die auch für die Hand des Schülers kopiert werden können, sind geeignet, die Grundschulkinder kreativ werden zu lassen, indem sie diese zum An-, Aus- und Weitermalen, zum Weiterschreiben und „Weiterdichten" anregen.

Aus den 22 Unterrichtsvorschlägen, die lehrplan-, sach- und kindgemäß ausgesucht und jahreszeitlich angeordnet sind, sollten mindestens ein bis zwei Beispiele pro Schulmonat ausgewählt werden. Die sachlichen, didaktischen und methodischen Hinweise können in einem gewissen Umfange auf ähnliche Gedichte, die im Lesebuch oder in einer Kinderzeitschrift stehen, übertragen werden. Freilich sollten diese Vorschläge nicht unkritisch übernommen, sondern entsprechend der Eigenart des lyrischen Textes, inbesondere der eigenen Lehrerpersönlichkeit und den Voraussetzungen in der eigenen Schulklasse aufbereitet, eventuell gekürzt, erweitert oder verändert werden. Auf diese Weise könnten sie eventuell auch im vorausgegangenen oder folgenden Schülerjahrgang eingesetzt werden.

Da einerseits eine gewisse Zurückhaltung gegenüber der Gedichtbehandlung bei manchen Lehrkräften besteht, andererseits aber alle Lehrkräfte einer starken Überlastung ausgesetzt sind, hoffen die Verfasser, mit dieser Modellreihe eine willkommene Hilfe für Zeit- und Kraftersparnis und für eine produktive Unterrichtsvorbereitung und -durchführung anbieten zu können.

Möge diese Reihe „Gedichte in Stundenbildern", die von 1990 an als eine aus den früheren Lehrer- und Schülerheften kombinierten und erweiterten Neuauflage fortbesteht, in diesem Sinne dienlich sein!

Oswald Watzke

Einleitung

Da eine Einleitung zu einer Modellreihe nur kurz ausfallen kann, seien nur knappe Hinweise zum Begriff, zur Systematik, zum Hauptlernziel und zur Methode der Kinderlyrik gegeben.
Zur ausführlichen Information mag die Auswahlbibliographie dienen, auf die hiermit verwiesen wird.[1]

1. Zum Begriff der Kinderlyrik

„Kinderlyrik" muß heute entsprechend dem übergeordneten Literaturbegriff **weit** gefaßt werden. Sowohl ältere, ästhetische, innerlich gefühlvolle als auch moderne, triviale und gesellschaftlich-politische Formen, die sich in den Rahmen „vom feierlichen Spruch bis zum simplen Reklamereim" einspannen lassen, gehören heute zum komplexen Begriff der Kinderlyrik.
Mit Kurt Franz läßt sich dieser auch wie folgt umschreiben: „Somit könnte man unter *Kinderlyrik* sämtliche in gebundener, nicht unbedingt gereimter Sprache und in einer bestimmten Form von Kindern und von Erwachsenen für Kinder vom Kleinkindalter bis etwa 10 Jahren verfaßten und von diesen rezipierten sprech-, les- und z. T. auch singbaren Texte verstehen."[2]

2. Zur Systematik der Kinderlyrik

Unter diesen erweiteren Begriff der Kinderlyrik lassen sich folgende Texte einbringen[3]:
Das Vor- und Grundschulkind begegnet zunächst vor allem dem **Kinderreim,** dem **Kinderlied** und dem **Kindergedicht,** d. h. seinem Entwicklungsstand entsprechenden Formen, die, speziell für Kinder verfaßt, in deren Spielwelt und Familie eine soziale Funktion erfüllen.

Die Kinderreime, die wir nach H. Helmers „lyrische Urformen"[4] nennen, wirken auf den Schulanfänger durch ihre Elemente Rhythmus, Klang und Wiederholung, durch ihre rhythmisch-klangliche Geschlossenheit und Vielzahl. So fördern z. B. **Abzählreime** und **Zungenbrecher** als Artikulationsspiele mit leicht verwechselbaren Vokalen und Konsonanten die spielerische Sprechbereitschaft und Artikulationsfertigkeit der Kinder. **Kettenreime, Kehrreime, Reimbänke** und **Ergänzungsgedichte** intensivieren neben der Hör-Sprech-Aktivität und dem rhythmischen Empfinden auch die geistige Selbsttätigkeit und das Gefühl für gebundene Sprache. Ebenfalls stark rhythmisch-klanglich und sozial bestimmt sind die **Klangspiele, die Lieder** und **Gedichte** des 2. Schuljahres, die vom Kind möglichst weitgehend in seinen Lebensbereich einbezogen werden: **Unsinntexte, Spielverse, Morgen-** und **Abendlieder,** auch jahreszeitlich orientierte Dichtungsarten wie z. B. **Frühlings-, Herbst-** oder **Weihnachtslieder.**

Im 3. und 4. Schuljahr kommen mehr und mehr Kindergedichte hinzu, die, über Kinderreime hinausgehend, eine gesteigerte Sprachkraft, eine vertiefte Inhaltsaussage und eine vermehrte Formvielfalt aufweisen. In **Scherz-** und **Lügengedichten** werden die Motive der verkehrten Welt, des Unsinns, der Parodie oder der Scherzlüge gestaltet. **Lehrgedichte** hingegen enthalten als **Versfabeln** oder **Versrätsel** Lebensregeln und -weisheiten, die als Normen tradiert werden. **Dialektgedichte** entsprechen der Mundart und der Mentalität der Kinder einer entsprechenden Sprachlandschaft. In **Kinderballaden (Erzählgedichten)** findet man das Kind in seiner Lebenswirklichkeit, in Familie, Schule und Spielwelt. Werden gesellschaftlich-politische Konflikte aufgezeigt, dann kann man von Problemgedichten sprechen. Diese besonders zeitgenössische Kinderlyrik greift in der Sprache der Zeit, oft mit Verzicht auf Reim, Rhythmus oder Strophe, Probleme der Zeit auf.

Nimmt sie politisch engagiert Stellung und vermittelt sie eine politische Nachricht, dann handelt es sich um **politische Kinderlyrik** im engeren Sinne.

Für den „alltäglichen Gebrauch" bieten sich dagegen an: Gebete, Glückwunschgedichte (zum Geburts-, Namenstag, zu Hochzeit usw.), Sprüche für das Poesiealbum, Werbe- und Schlagertexte.

Diese Art von **Gebrauchslyrik** spielt im Leben der Kinder sicher eine größere Rolle als die **Naturlyrik,** die das Geschehen des Tages- und Jahresablaufes und der Naturereignisse stimmungsvoll gestaltet. Naturlyrische Beispiele sollten jedoch ebenso wenig im Lehrangebot fehlen wie Beispiele aus der modernen **Konkreten Poesie.** Hier handelt es sich um eine flächenhaft-gegenständliche Anordnung von einzelnen Buchstaben oder Wörtern zu Ideogrammen, Piktogrammen oder Konstellationen, den bekanntesten Formen der visuellen Konkreten Poesie, deren akustische Komponente die Lautgedichte bilden.

Alle aufgezählten lyrischen Textarten können freilich nicht aufgenommen und behandelt werden. So wurde z. B. verzichtet auf Dialektgedichte und politische Kinderlyrik im engen Sinne.

---

1 Insbesondere sei auf folgendes Werk verwiesen: Kurt Franz: Kinderlyrik. Struktur, Rezeption, Didaktik. München 1979.
2 Franz, a. a. O., S. 10 f.
3 Oswald Watzke: Umgang mit Texten in der Primarstufe. München ³1979, vgl. S. 11–12.
  Ruth Lorbe: Kinderlyrik. In: Gerhard Haas: Kinder- und Jugendliteratur. Stuttgart 1974, vgl. S. 178–219.
4 Hermann Helmers: Lyrischer Humor. Stuttgart 1971, vgl. S. 145.

3. Zum Hauptziel des Umgangs mit Kinderlyrik

Die Freude des Kindes am gestalteten Wort sollte das Hauptziel der Gedichtbegegnung in den ersten Schuljahren sein. Diese Freude wird vornehmlich durch die Aufnahme über das Gehör verursacht; sie wird intensiviert durch das „sprecherische Gestalten" und führt schließlich in höheren Schülerjahrgängen zu einer auch geistig orientierten Freude an der Auseinandersetzung mit Lyrik verschiedener Formen, Zeiten, Stile und Intentionen. Diese möglichst **freudige Auseinandersetzung** darf weder in einer einseitigen Intellektualisierung noch in einer einseitigen Emotionalisierung erfolgen. Sie muß im dialektischen Zusammenspiel aller verstandesmäßigen **und** gefühlsmäßigen Kräfte des Heranwachsenden stattfinden.

Die Lehrkraft sollte das ihr anvertraute Kind **allseitig** fördern und es sich zu einer harmonischen Persönlichkeit entfalten lassen, die gleichermaßen zu erleben, zu verstehen, zu denken, zu fühlen und zu wollen vermag[5].

Im einzelnen lassen sich nach Kurt Franz[6] fünf Lernzielbereiche (Richtziele) anführen: Die Schüler sollen

1. in ihren **psychischen Empfindungen** geweckt und gefördert werden (Spieltrieb, Rhythmik, ästhetischer Genuß, Erlebnisfähigkeit . . .),
2. in ihrem **Sprech-, Lese- und Sprachvermögen** gefördert werden (Sprechbereitschaft, Zuhörbereitschaft, Artikulationsfähigkeit, lautreine und klanggestaltende Lesefähigkeit . . .),
3. zu den **Elementen der Lyrik** hingeführt werden (Rhythmus, Klang, Reim, Vers, Strophe, Lautmalerei, Wiederholung, Form, Aufbau, Zeit, Stil, Autor, Inhalt . . .),
4. in ihrer **Kreativität** gefördert werden (Umsetzen lyrischer Texte in Bild, Spiel, Gesang, Tanz; Verändern und Ergänzen der Vorlagen, Mit-, Vor-, Nach- und Eigengestalten von lyrischen Formen),
5. Hilfe im **Sozialisations- und Personalisationsprozeß** (Gemeinschafts- und Ichbewußtsein, Konflikt- und Konfliktlösungsbewußtsein, Problembewußtsein, Kommunikationsfähigkeit, Kritikfähigkeit, religiös-sittliche Wertorientierung . . .) erfahren.

4. Zur Methodik der Kinderlyrik

Methodisches Prinzip der Gedichtbehandlung sollte es sein, das Textbeispiel auditiv oder visuell wirken zu lassen. Dies bedeutet eine bewußte Einschränkung des Sprechens und Schreibens über das Gedicht zugunsten der Erarbeitung seiner Klang- bzw. Formgestalt, zugunsten der Umsetzung seiner Aussage in geistig-seelische Aktivität und sprachlich-soziale Kreativität.

Wenn im folgenden einige Hinweise auf die **Struktur einer Gedichtstunde** gegeben werden, dann soll die Vorbemerkung beigefügt werden, daß jeder lyrische Text entsprechend seiner Besonderheit letztlich eine ganz spezifische Behandlungsmethode erfordert. Gegeben werden lediglich einige Anmerkungen, die den Rahmen abstecken, der von Fall zu Fall unterschiedlich ausgefüllt werden muß.

Die Phase der Motivation beinhaltet entweder eine „Einstimmung", eine gemüthafte Hinführung oder eine sachliche Einführung in das Motiv oder die Thematik des lyrischen Textes. Manchmal werden auch begriffliche Erläuterungen über Fremdwörter, Namen, Sitten und Bräuche, werden Hinweise über den Autor, über unbekannte Unterrichtsinhalte erforderlich sein. Auf jeden Fall sollte im Schüler eine „positive Erwartungshaltung"[7] aufgebaut werden.

Die Phase der Textbegegnung kann sowohl von der Lehrkraft als auch vom Schüler gestaltet werden. Eine Zahl der Methodiker befürwortet das stille Einlesen in den neuen Text vor allem dann, wenn er lang ist. Aus dieser Stillarbeit, eventuell auch als Hausaufgabe aufgegeben, entwickelt sich dann das Unterrichtsgespräch. Eine zweite Gruppe plädiert für die Konfrontation der Schüler mit der Klanggestalt des Gedichtes. Gerade das Grundschulkind ist auf den Lehrervortrag noch angewiesen, der gleichzeitig sein Gemüt und seinen Verstand anspricht und zur eigenen „sprechgestaltenden Interpretation"[8] anregt.

Während die Methode des stillen Sicheinlesens in einen Text für die Mehrzahl der Schüler eine relativ schwache Motivation bedeutet, begegnet dem Lehrervortrag nicht selten der Vorwurf, er manipuliere Gefühl und Verstand des Schülers, zwinge diesem die Konzeption des Lehrers vom gestalteten Text auf und leite von daher das sog. freie Unterrichtsgespräch in vom Lehrer bestimmte Bahnen. Auf diesen Vorwurf ist zu erwidern, daß die freie Entfaltung des Denkens, der Argumentations- und Gestaltungsfähigkeit des Schülers viel weniger von einer Unterrichtsmethode als von der grundsätzlichen Einstellung des Lehrers gegenüber seinen Schülern abhängig ist. Die auf einseitige Durchsetzung eigener Vorstellungen gerichtete intolerante Lenkung eines Unterrichtsgespräches behindert das Entstehen einer Arbeitsgemeinschaft von Partnern viel mehr als ein zum künstlerischen Erlebnis führender Vortrag einer Dichtung durch den an der Textdeutung wirklich interessierten Lehrer. Stellt der Lehrer seine Auffassung von der Aussage der Dichtung durch deren sprecherische Gestaltung als seinen Beitrag zum gemeinsamen Arbeitsvorhaben zur Diskussion, dann kann eine von Sinneinheit zu Sinneinheit voranschreitende Erarbeitung der Klanggestalt eines Gedichtes eine Arbeitsatmosphäre schaffen, die die Schüler anregt, eigene Gestaltungsversuche in die Diskussion einzubringen.

5 Klaus C. Haase: Das Gedicht im Deutschunterricht. In: Erich Wolfrum: Taschenbuch des Deutschunterrichts. Baltmannsweiler [2]1976, vgl. S. 415–438.
6 Franz, a. a. O., vgl. S. 146–149.
7 Franz, a. a. O., vgl. S. 151.
8 Wilhelm Höffe: Sprechgestaltende Interpretation von Dichtung in der Schule. Ratingen 1967, vgl. S. 16–25.

Jeder Schüler sollte eine Textvorlage erhalten, die ihm über das Auge und auch über das Ohr wirkungsvoll vermittelt wird. Medien hierzu können sein das Lesebuch, ein Abzug, der Tageslichtprojektor (Overhead), das Episkop, der Hefteintrag, die Tafelanschrift oder das Tonband, besprochen von der Lehrkraft, von einem Schüler oder in Ausnahmefällen auch von einem Rezitator oder gar vom Autor selbst. Besonders bewährt hat sich das Führen eines Gedichtheftes oder einer Gedichtmappe, die in vielfältiger Weise Möglichkeiten zu kreativem Gestalten (Schreib-, Mal-, Bildgestalten, Sammeltätigkeit, Einlegen von Bastelarbeiten . . .) bieten.

In der Phase der Textreflexion wird in verschiedenen Methoden, die später eigens dargestellt werden, die Gehalt-Gestalt-Einheit des lyrischen Textes erschlossen, und zwar fortschreitend in Teilzielen und mit möglichst wechselnden Methoden. Das Kind soll zu einer aktiven Auseinandersetzung vielfältiger Art geführt werden.

Die Phase der Sprechgestaltung wird in der Grundschule den Schwerpunkt der Gedichtstunde bilden. Die Klanggestalt wird mit den Kindern erarbeitet nach Tonhöhe, Lautstärke, Klangbogen, Pause, Betonung, Rhythmus und Rolle. Am Ende einer Phase oder am Ende der Stunde kann der klang- und sinngestaltende Schülervortrag, auch aufgeteilt in Rollen- und Chorsprechen, ein Beweis für das Erleben und Verstehen des gesamten Textes und ein Erfolgserlebnisse vermittelnder Ausklang der Gedichtstunde sein.

Die Phase der Ergebnissicherung und Verständniskontrolle könnte bereits mit der abschließenden Klanggestaltung ausgefüllt sein. In ihr können aber auch die für die Stunde geplanten Feinziele überprüft werden. Allerdings muß deutlich darauf hingewiesen werden, daß gerade im Gedicht – wie im gesamten Literaturunterricht – die Durchführbarkeit von Leistungskontrollen mit Benotungen sehr strittig ist. Annehmbare „Leistungskontrollen" können als Tafelanschrift, als Hefteintrag (mit eigenen Meinungsäußerungen), als Sprechgestaltung, Anwendung literaturkundlichen Wissens auf andere Beispiele oder als Nach- und Eigengestaltung durchgeführt werden. In diesem Zusammenhang sei auch das Auswendiglernen von Gedichten erwähnt. Es verliert dann seine Problematik, wenn der Schüler sich schon während des Unterrichts Teile aneignen kann, wenn er selbst bestimmen kann, welche zwei oder drei Gedichte er im Laufe eines Schuljahres lernen will, wenn ihm beim Vortrag der gelegentliche Blick auf das Textblatt gestattet wird. Auf keinen Fall sollten Gedichte „eingepaukt" und „abgeprüft" oder als Strafarbeiten aufgegeben werden.

Nicht alle fünf Phasen müssen in einer Unterrichtsstunde als Strukturteile geplant werden; sie können auf eine Doppelstunde verteilt oder durch andere ersetzt werden, die einem anderen Hauptziel der Texterschließung entsprechen, das durch eine besondere Methode operationalisiert werden soll, z. B. durch die Schreibgestaltung oder die Eigenproduktion.

Wenn im folgenden einige Hinweise auf zwölf **Methoden des Umgangs** mit lyrischen Texten gegeben werden, dann sei vorher bemerkt, daß einmal die Reihenfolge keine Wertung bedeutet, daß zum andern nicht alle zwölf Lösungswege in einer Unterrichtsstunde beschritten werden müssen[9].

In der **freien Aussprache** äußern die Kinder spontan ihre Gedanken, Gefühle, Eindrücke, Meinungen, Vermutungen und Erfahrungen. Nach dem Einhören bzw. Einlesen in einen Text sollte dieses freie Besprechen in keinem Falle fehlen.
Diese Lösungsmethode kann in methodisch geschulten Klassen in das **selbständige Erarbeiten** übergehen. Frei oder gebunden an einen bekannten Plan erarbeiten sich die Schüler in Allein-, Partner- oder Gruppenarbeit eigene Erkenntnisse.

In Grundschulklassen muß dieses Verfahren erst vorbereitet werden. Dies kann durch das **Erschließen mittels Leitfragen** geschehen. Das Interpretationsgespräch wird durch Lehrerfragen, Impulse und Aufträge angeregt und in Gang gehalten. Im anzustrebenden Idealfall gelingen Eröffnung und Weiterführung des Gesprächs auch durch Schülerfragen. Wichtig ist, daß die Leitfragen inhaltliche wie formale Besonderheiten des Textes erfassen, wobei die Mitarbeit der Schüler dann am besten ist, wenn es der Lehrkraft gelingt, die Interessen und Bedürfnisse der Kinder zu berücksichtigen.

Wenig angebracht sowohl angesichts des Grundschulkindes als auch in Anbetracht des Lyrischen ist die **Methode des Zergliederns**, dem allenfalls nur für Teilschritte eine gewisse Berechtigung zuzusprechen ist. Der Ablauf, bis ins einzelne geplant, erfolgt in einem Frage-Antwort-Spiel, in welchem Inhalt und Form des Gedichtes systematisch zu klären versucht werden.

Dieser einseitig rationale Zugang zu einem Gedicht hat seinen Gegenpol im einseitig emotionalen Zugang, wenn das **Einstimmen und Nacherleben** das Gestaltungsprinzip der Gedichtstunde allein beherrschen.

Ebenso einseitig kann die **textlinguistische Methode**[10] sein, falls ausschließlich untersucht wird, wie Bauplan und Bauelemente eines Gedichtes aussehen, wie die Signalwörter heißen, wer warum das Gedicht „gemacht" hat.

Kind- und sachgemäß hingegen ist in vollem Umfange die **Methode des Erlesens und Ersprechens**. Diese sprechgestaltende Interpretation[11] hat den Vorteil, daß vornehmlich nicht über Sprache, Stil, Metrum, Reimschema, Strophenform, Aufbau, Inhalt, Aussage reflektiert wird, sondern daß deren Klang- und Sinngestaltung realisiert werden.

Ebenso kindgemäß ist die **Methode der Schreibgestaltung**[12]. Hier gestalten die Kinder nach ihrem Empfinden einzelne Wörter und Sätze in verschiedenen Farben, Größen, Schreibformen oder auch Drucktypen. Sie können so an ihrer eigenen Schreibge-

---

9 Hermann Helmers: Didaktik der deutschen Sprache. Stuttgart ⁹1976, vgl. S. 318–325.
10 Ortwin Beisbart u. a.: Textlinguistik und ihre Didaktik. Donauwörth 1976. Die Textlinguistik, die neue Aspekte erschließt, ist im Rahmen der anderen Methoden gut brauchbar, vor allem in der Sekundarstufe.
11 Höffe, a. a. O., vgl. S. 19.
12 Gerhard Haas: Interpretation durch Schreibgestaltung. In: Westermanns Pädagogische Beiträge, Heft 10/1971, vgl. S. 540–548.

staltung oder auch an einer vorgegebenen den Inhalt des Gedichtes interpretieren bzw. erfassen. Zusätzlich könnten die Kinder ihre Schreibgestaltung mit einer Zierleiste oder einem Bildchen versehen, die ebenfalls auf die Bedeutung des Textes schließen lassen.

Sprachschöpferische Kräfte werden frei durch die **Methode des Vorgestaltens,** wenn die Kinder angeregt werden, anhand der Überschrift, anhand eines vorgegebenen Verses oder einer Strophe den weiteren Verlauf bzw. den Inhalt des lyrischen Textes zu antizipieren. Diese Vorgestaltung wird dann mit dem Originaltext verglichen und an ihm überprüft.

Dieser Lösungsweg, in der Grundschule gelegentlich beschritten, führt dann zur **Methode des Gedichtvergleiches**[13], die angebahnt werden kann. Der Gedichtvergleich verlangt im Regelfall das Vorhandensein einer Doppelstunde. Eines der beiden motivgleichen oder motivverwandten Gedichte sollte zunächst möglichst umfassend interpretiert werden, bevor das zweite, in sehr seltenen Fällen auch noch ein drittes Gedicht zum Stil- und Strukturvergleich, zum Vergleich der Motivgestaltung und der Aussage herangezogen werden kann. Bewährt haben sich Vergleiche von Tageszeit-, Jahreszeit-, Umwelt- oder Problemgedichten, wobei sowohl die Auswahl von Texten aus verschiedenen literaturgeschichtlichen Epochen als auch von Gedichten verschiedener Autoren der gleichen Epoche hinsichtlich der unterschiedlichen Rezeption vergleichbarer objektiver Gegebenheiten oder subjektiver Erfahrungen aufschlußreich sein kann.

Beim Nach- und Eigengestalten[14] von lyrischen Texten erfahren die Kinder einen größeren Freiheitsraum für ihre sprachschöpferischen Kräfte als beim Vor- oder Mitgestalten. Ausgehend von Reim, vom Rhythmus, vom metrischen Schema, vom Vers, von der Strophe und von inhaltlichen Impulsen, vom Betroffensein, führen die Schüler z. B. ein Reimpaar, eine Strophe oder ein ganzes Gedicht fort, verändern oder ergänzen diese oder erfinden eine neue. Die Heranwachsenden können auf diese Weise ihre eigenen Gefühle, Gedanken und Meinungen in gebundene Sprache fließen lassen.

Die Methode der musischen Ausdrucksgestaltung[15] stellt die Gedichtstunde in einen interdisziplinären Zusammenhang. Interpretation, Anwendung und Verarbeitung eines lyrischen Textes können erfolgen in einem visuell-bildhaften Gestalten (Illustration, Zierleiste, Schreibgestaltung, Basteln), in einem gestischen, mimischen und szenischen Nachvollzug (Rollenlesen, Chorsprechen, szenische Darstellung, Rollenspiel, Pantomime) und in einer musikalischen Ausgestaltung (Erfinden und Singen einer Melodie, Singspiel, Unterlegen mit instrumentaler Begleitung, z. B. mit dem Orffschen Schulwerk).

Entscheidend für den Aufbau einer Gedichtstunde und für die Wahl der Methoden sind einmal die Eigenart des lyrischen Textes und das primäre Lernziel und zum andern die Jahrgangsstufe. Anzuraten ist ein Wechsel von zwei oder drei Lösungswegen innerhalb einer Stunde und von Stunde zu Stunde, damit ein Methodenschematismus vermieden wird.

Sach- und kindgemäßes Umgehen mit lyrischen Texten ist die Voraussetzung dafür, daß die einmal an ihnen geweckte Freude dem Kinde erhalten bleibt.

---

13 Haase, a. a. O., vgl. S. 435 f.
14 Oswald Watzke: Das Nachgestalten literarischer Formen durch Grundschüler. In: Die Ganzheitsschule, Heft 2/1970, S. 56–59.
15 Franz, a. a. O., vgl. S. 156–159. Arnold Grömminger/Gertrud Ritz-Fröhlich: Umgang mit Texten in Freizeit, Kindergarten und Schule. Freiburg 1974, vgl. S. 68.

Abzählreime

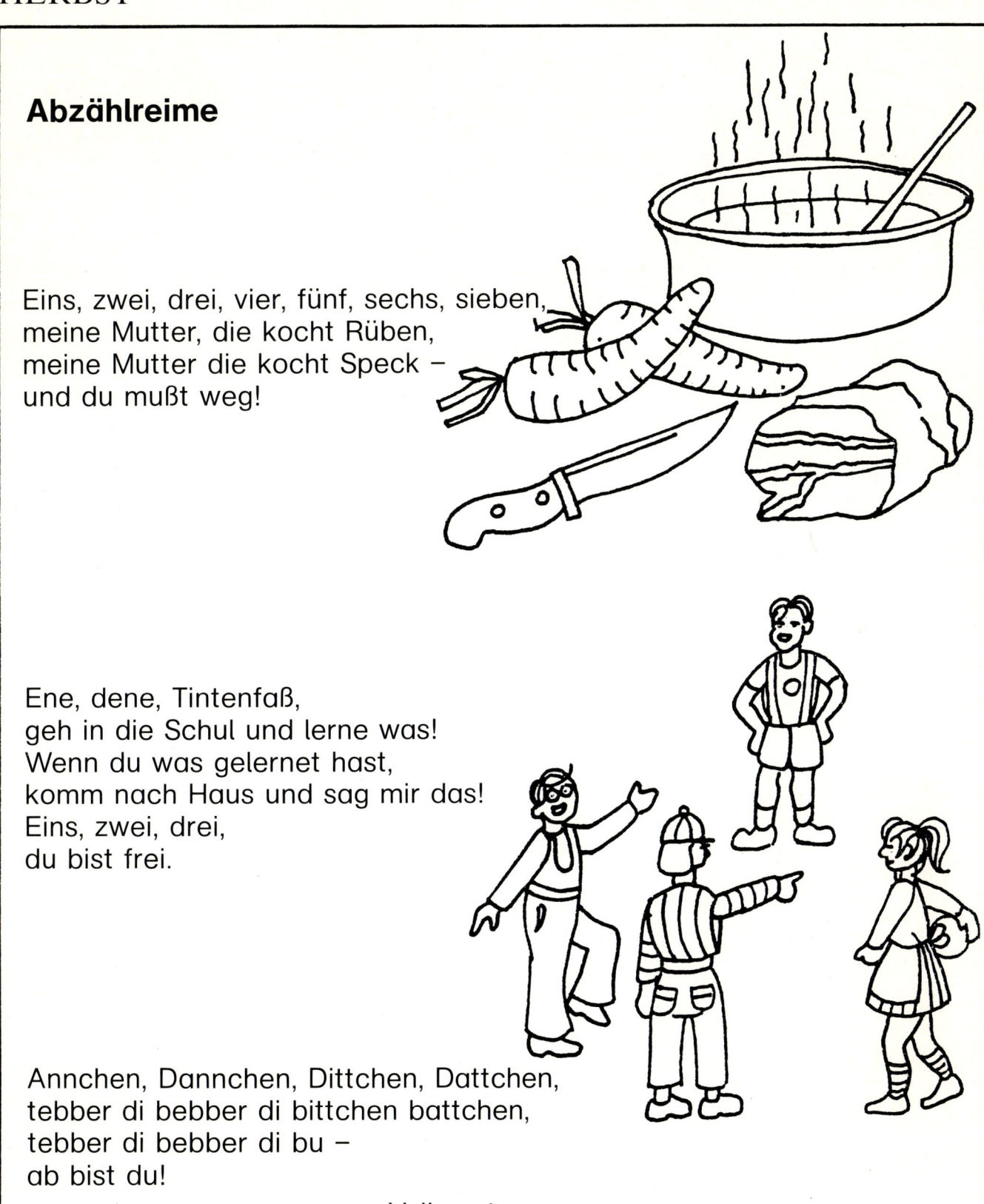

Eins, zwei, drei, vier, fünf, sechs, sieben,
meine Mutter, die kocht Rüben,
meine Mutter die kocht Speck –
und du mußt weg!

Ene, dene, Tintenfaß,
geh in die Schul und lerne was!
Wenn du was gelernet hast,
komm nach Haus und sag mir das!
Eins, zwei, drei,
du bist frei.

Annchen, Dannchen, Dittchen, Dattchen,
tebber di bebber di bittchen battchen,
tebber di bebber di bu –
ab bist du!

Volksgut

Volksgut: „Abzählreime"

1. Zur Sachanalyse

Kinderreime sind nicht Vorformen, sondern Urformen der Lyrik, weil sich in ihnen in besonderer Weise Klang, Reim und Rhythmus zusammenfügen. Je nach ihrer Funktion können wir Abzähl-, Schnellsprech-, Kniereiter-, Trost-, Neck- und Spottverse unterscheiden. Formal betrachtet können wir von Ketten-, Kehr-, Schüttel-, Leberreim und Limerick sprechen[1].

Kinderreime und -gedichte bilden gemeinsam mit Kinderliedern das Genre „Kinderlyrik", die sowohl als Volks- wie auch Kunstlyrik im Alltag der Vor- und Grundschüler eine nicht unwesentliche Rolle spielt. Sie leiten ein oder begleiten Tanz-, Reigen-, Fang- oder Versteckspiele und erfüllen somit eine soziale Funktion in der Freizeit.

Abzählreime, die manchmal an magische Formeln und geheime Zaubersprüche erinnern, imitieren den Rhythmus des Auszählens, des Deutens. Sie werden oft monoton nach Hebung und Senkung, jeweils bezogen auf eine Person, oder im Sprechgesang vorgetragen. Dies geschieht so viele Male, bis feststeht, wer den Sucher oder Fänger spielen muß. Somit beginnen sie alle mit einer Aufzählung von Zahlen oder Namen (eins, zwei, drei; ene, mene, mu; Annchen, Dattchen . . .;) und enden mit einem Wort des Aussonderns (frei; ab; aus; drauß; weg . . .). Dieser Gebrauchswert der Auszählsprüche wird weiterhin wesentlich bestimmt durch die Reimpaare, die entweder einen Zwei- oder einen Vierzeiler bilden. In seltenen Fällen kommen auch Fünf- und Sechszeiler vor, die aber auch jeweils gereimt und rhythmisiert sind, so daß sie sich ebenfalls leicht einprägen, sprechen, singen und spielen lassen[2].

Unsere ausgewählten Beispiele, die durch die Abzählreime, welche die Kinder gebrauchen, ersetzt oder ergänzt werden können, stammen alle aus dem Volksgut.[3] Wir beginnen mit den einfachsten Zweizeilern:

1, 2, 3,	1, 2, aus	Ene, mene, mu,
du bist frei!	du bist drauß'!	ab bist du!

Diese Auszählverse bestehen aus einem Reimpaar, aus einer Hebung als Auftakt, einer Senkung und einem Schlußtakt, der im Befehlston gesprochen wird. Diese Funktion erfüllt auch der Vierzeiler „Eins, zwei, drei . . ." (siehe Gedichtblatt im Schülerarbeitsheft!), der um einige Takte und um ein Reimpaar erweitert ist. Der Sechszeiler „Ene, dene, Tintenfaß", beginnend mit einer Lautvariation von niederdeutsch „een" (eins) und die Schule in die Spielwelt einbeziehend, erfüllt erst im letzten Reimpaar die Aufgabe als „Abzähl"-Gedicht. Das dritte Beispiel „Annchen, Dattchen . . .", verwandt mit Zungenbrecher und Zaubervers, konkretem Lautgedicht und Unsinnvers, ist wohl am schwierigsten klanggestaltend nachzuvollziehen. Der geheimnisvolle Vierzeiler beginnt mit dem Mädchennamen Annchen, der durch Konsonanten- (d; nn:tt) und Vokalvariation (a:i) in „Dannchen", „Dittchen" und „Dattchen" in Lautgebilde verwandelt wird, von denen dann im zweiten Vers „bittchen" und „battchen" (d:b) abhängen. Eine zentrale Stellung nimmt das daktylische Lautgebilde „tebber bi bebber di" ein, das im zweiten und dritten Vers vorkommt. Das auslautende „du", gereimt auf „bu" im dritten Vers, läßt endgültig erkennen, daß es sich um einen Abzählreim handelt.[4]

2. Zur didaktischen Analyse

Gemeinsame Spiele fördern soziale Kontakte und Gemeinschaftsgefühle.

Dies sollten wir gerade zu Beginn des 1. Schuljahres nutzen, um den Kindern auch auf diese Weise den Übergang von der Vor- in die Grundschule zu erleichtern. Kinderlyrik, die in Reimen und Liedchen den Erstkläßlern bekannt, vertraut und liebgeworden ist, bereitet viel Freude. Wir sollten diese Freude durch Sprechen, Singen und Spielen ermöglichen, verstärken, wenn wir Kinderlyrik „behandeln", auch dann, wenn wir im Sinne einer grundlegenden Lyrikerziehung die Begriffe „Reim", „Reimpaar" und „Abzählreim" einführen. Auf jeden Fall sollte der emotionale Umgang mit Klang, Reim und Rhythmus nicht durch das begriffliche Benennen beeinträchtigt werden, er sollte nur bewußtgemacht werden.

Entsprechend der Tatsache, daß die Erstkläßler gerade am Beginn des Leselernprozesses stehen, müssen wir die Methode des Vor-, Mit-, Nach- und Ersprechens wählen, nicht die des Erlesens.

Da nun die Abzählreime sehr leicht ins Ohr gehen, können die Kinder zwei oder drei Beispiele, die ihnen am besten gefallen, sehr schnell auswendig behalten. Erst nach dieser akustischen Textbegegnung wird das illustrierte Textblatt zum Ausmalen und „Nachlesen" angeboten. Parallel zum Schreiblehrgang können im Rhythmus der Zweizeiler (1, 2, 3, du bist frei!) Schwungübungen (siehe Schülerarbeitsheft!) durchgeführt werden.

Lernziele: Die Kinder sollen

1. an Klang, Reim und Rhythmus der Abzählverse Freude haben und auf diese Weise für das Lyrische sensibilisiert werden,
2. einzelne Laute, Reime und Rhythmen in Verbindung mit Sprechen und Singen heraushören,
3. die Funktion (als Gebrauchsanweisung für Such- und Fangspiele) erleben und erkennen,
4. den Begriff „Abzählreim" kennenlernen,
5. weitere Abzähl- und andere Kinderreime sammeln, gebrauchen und eventuell erfinden.

---

1 Hermann Helmers: Lyrischer Humor. Stuttgart 1971, vgl. S. 72–84.
2 Ruth Lorbe: Kinderlyrik. In: Kinder- und Jugendliteratur, hrsg. von Gerhard Haas. Stuttgart 1974, vgl. S. 178–219.
3 Im Gegensatz zur Kunst-Kinderlyrik z. B. von Josef Guggenmos, James Krüss usw. (siehe Auswahlbibliographie!).
4 Helmers, a. a. O., vgl. S. 38 ff.

Abzählreime

1, 2, 3,
du bist frei!

Ene, mene, mu,
ab bist du!

3. Zur Verlaufsplanung[5]

3.1 Phase der Motivation (durch Bildbetrachtung, Situationskenntnis)

1. Bildimpuls: Die Lehrkraft deckt langsam die linke Hälfte des Tafelbildes auf. Die Kinder vermuten, worum es sich handeln könnte. Schließlich entdecken sie die Situation des Abzählens.
2. Freie Aussprache über diese Situation, Vermutungen über den Unterrichtsgegenstand.
3. Zielangabe (von Lehrkraft oder Schüler): Wir spielen heute einmal Abzählen!

1, 2, 3,
du bist frei!

Ene, mene, mu,
ab bist du!

3.2 Phase der Textbegegnung (durch Hören, Vor-, Mit- und Nachsprechen)

1. *Teilziel:* Schülerdarbietungen

   Schaut euch das Bild an! Denkt an eure Spiele! Sprecht und spielt Abzählreime vor! Die Kinder bilden einen Spielkreis; einzelne, mehrere oder alle zählen abwechselnd aus.

2. *Teilziel:* Lehrerdarbietungen

   Die Lehrkraft bringt die Abzählreime des Arbeitsblattes (siehe Schülerarbeitsheft!) in das Spiel ein (evtl. mit Tonband), falls diese noch nicht genannt wurden. Wir versuchen sie zu singen.

3. *Teilziel:* Anschrift einfacher Zweizeiler

   Als Abschluß schreibt die Lehrkraft zwei einfachste Reime (siehe rechte Hälfte des Tafelbildes!) an, liest diese vor, die Kinder sprechen und lesen sie (auswendig) nach.

3.2 Phase der Texterschließung (Funktionserhellung, Formbetrachtung)

1. *Teilziel:* Benennen der Funktion

   Impuls: Nur bei bestimmten Gelegenheiten gebraucht ihr diese Verse. Kinder: Beim Abzählen, beim Fangspiel . . . Lehrkraft: Wir könnten diesen Reimen dann einen Namen geben. Kinder: Abzählreime.

2. *Teilziel:* Spielen mit Reimen

   Impuls: Warum gehen diese Verse so schnell ins Ohr? Schüler: Weil sie kurz sind, weil sie sich reimen . . . Die Lehrkraft unterstreicht an der Tafelanschrift „drei – frei" und „aus – drauß" farbig, läßt weitere Reimpaare finden. Reimspiele werden als „Teekesselspiel" durchgeführt: Ein Kind nennt ein Wort, ein anderes aus dem Kreise findet den Reim, nennt ein neues Wort und ruft einen neuen Mitschüler auf.

3. *Teilziel:* Aneignen und Werten

   Impuls: Welcher Abzählreim gefällt dir am besten? Die Kinder nennen ihren Lieblingsvers und begründen ihre Wahl. Abschließend können diese Abzählreime auf das Tonband gesprochen bzw. gesungen werden.

4. Zur Weiterführung

Ausmalen des Textblattes (Kopiervorlage); Schwungübungen (Kopiervorlage); Sammeln weiterer Abzählreime und Kinderreime (Neckreime, Liedchen); Variieren bekannter und Erfinden neuer Abzählreime.

---

5 Vgl. hierzu: Annegret von Wedel: Unsinnverse. In: Praxis Deutsch, Heft 11/1975, S. 17. Doris Steinert: Spott- und Schmähverse. In: Praxis Deutsch, Heft 22/1977, S. 12–14. Gerhard Rademacher: Textgruppe 8: Spielen und Sprechen. In: Texte für die Primarstufe. Kommentarband 2, hrsg. von Dietrich Pregel u. a. Schroedel 1976, vgl. S. 57–60.

Bumdidi

Bumdidi,
bumdidi,
bumdidi,
bum.

So geht der Elefant herum.

Bumdidi,
bumdidi,
bumdidi,
bum.

Ein Glöcklein an drei Beinen,
kein Glöcklein an dem einen.

Bumdidi,
bumdidi,
bumdidi,
bum.

Josef Guggenmos

Josef Guggenmos: „Bumdidi"

1. Zur Sachanalyse

Josef Guggenmos[1] zeichnet im vorliegenden Kindergedicht mit akustischen Mitteln ein Bild aus der Zirkuswelt. Ein großer, schwerer Elefant mit Glöckchen an seinen Beinen läuft in der Zirkusmanege herum. In das schwerfällige Stampfen klingen die zierlichen Töne der nachfedernden Glöckchen, die an seinen Beinen angebracht sind. Daß es nur drei Glöckchen sind, macht den akustischen Reiz aus. Der Dichter setzt lautmalende Elemente ein, um diesen Vorgang phonologisch zu kodieren. Da dem Leser (oder Hörer) der unmittelbare Erfahrungshintergrund fehlt, um die lautmalerischen Silben „bumdidi" begreifen zu können, bringt er semantisch strukturierte Ergänzungen mit ein. Klärt die erste Ergänzung auf, wer herumgeht, so nennt uns die zweite den Grund, warum es am Ende nur „bum" lautet. Diese letzte Aussage wird doppelt, im positiven und negativen Sinn, formuliert. Damit wird der Sachverhalt besonders verdeutlicht und ganz klar herausgestellt. Auch in diesen beiden informativen Einschüben setzt Guggenmos Klangelemente ein. Die dumpfen Konsonanten, vor allem aber der stumpfe Endreim, drücken die behäbige Größe des Elefanten aus. Im Paarreim vermag der Dichter mit einer Häufung von hellen Umlauten und Doppelkonsonanten (ö; ei) und klingenden Endreimen einen innigen Klang der Glöckchen darzustellen. Der Rhythmus ist jambisch.
Die verwendeten sprachlichen Mittel aus der Klang- und Geschehnislyrik lassen das Gedicht zwischen Kinderreim und Kindergedicht[2] ansiedeln. Klangelemente und sprachliche Aussage fügen sich harmonisch zu einer ausgeprägten Rondoform zusammen.
Der Rhythmuswechsel zwischen dem daktylischen „bumdidi" und den jambischen Einschüben sollte nicht übersehen werden.

2. Zur didaktischen Analyse

Die Dichterin Maria Mohr-Reucker schreibt über das Verhältnis des Kindes zum Gedicht folgendes: „Das Kind braucht den Vers mit seinen Wiederholungen in den Lauten und Endsilben. Durch diese Wiederholungen prägt es sich das Gelesene (Gehörte) ein und stärkt zugleich sein Gedächtnis."[3]

Guggenmos berücksichtigt in diesem Gedicht das Bedürfnis der Kinder nach diesen elementaren Urformen[4] der Poesie. Er greift einen recht erlebnisträchtigen Sachhintergrund auf, der im Erfahrungsbereich der Schüler liegt und auch ihr Interesse weckt. Aus dieser schillernden Zirkuswelt begegnet dem Kind eine Nummer, die zunächst nur in ihrer Klanggestalt faßbar wird. Die Einheit von Klang und Rhythmus gilt es zu erschließen und sie sprachlich und rhythmisch dem Kind verfügbar zu machen. Im Erspüren dieses Kinderreims „bumdidi" sollte das körpereigene Instrumentarium den Rhythmus gestalten; dem eigenschöpferischen Nachgestalten sollten keine Grenzen gesetzt werden. In dieser ersten Begegnung mit lyrischen Texten geht es im wesentlichen um ein gefühlsmäßiges Erfassen, einen spielerischen Umgang und eine gefühlsbetonte Aufnahme und Wiedergabe. Damit kann ein Empfinden für die Poesie geweckt und ein Verständnis für die spätere Poesie angebahnt werden. Was in dieser Altersstufe versäumt wird, kann später kaum wieder gutgemacht werden.

Lernziele: Die Schüler sollen

1. ein Gefühl für Rhythmus, Klang und Reim bekommen,
2. erfahren, daß von Sprache Bewegung ausgeht,
3. eine Förderung der Sprechbereitschaft und Artikulationsfähigkeit erfahren,
4. für diese einfachen lyrischen Texte sensibilisiert werden,
5. zu eigenen Gestaltungsversuchen motiviert werden,
6. über Hör-, Sprech- und rhythmische Körperaktivitäten Freude empfinden,
7. zu eigener Kreativität ermutigt werden.

3. Zur Verlaufsplanung

3.1 Phase der Motivation

Ein Bild eines Zirkuszeltes (Tafelzeichnung, Overhead-Folie, Poster u. a.) dient als optischer Impuls, um die Schüler zu einer mündlichen Sprachgestaltung zu aktivieren, in die sie Erlebnisse und Erfahrungswissen einbringen können.

Motivationsbild: „Bumdidi"

1 Josef Guggenmos: Bumdidi. Aus: Schnick, schnack, Schabernack, Oldenburg u. Hannover 1973
2 Oswald Watzke: Umgang mit Texten in der Primarstufe. München: List ³1979, vgl. S. 82–89.
3 Maria Mohr-Reucker: Brief an Frau Karin Suttner, in: Karin Suttner, Das Kindergedicht in der Volksschule. Zulassungarbeit für die 2. LAP, Ochsenfurt 1972.
4 Hermann Helmers: Lyrischer Humor. Stuttgart 1971, vgl. S. 145.

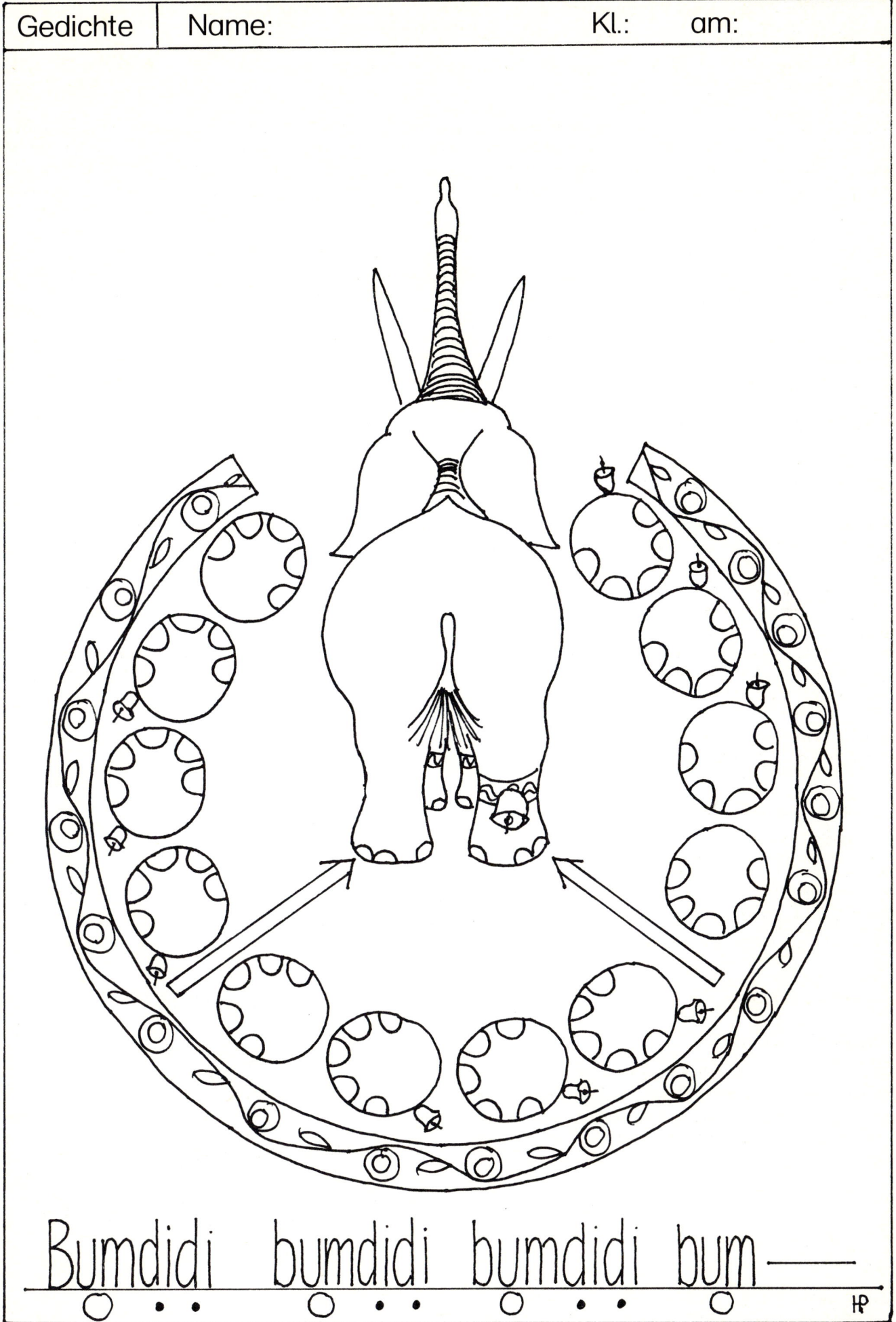

Bumdidi   bumdidi   bumdidi   bum —

3.2 Erarbeitungsphase

1. Teilziel: Rhythmisches Erarbeiten der Klanggestalt

Zur Hinführung und Zielstellung setzt der Lehrer ein Tonband ein, auf dem das „bumdidi" mit Orffinstrumenten oder mit Stampfen und Triangel akustisch wiedergegeben wird.

Nach dem Finden der Sprechgestalt „bumdidi" wird Sprache in rhythmische Bewegung mit Körperinstrumenten umgesetzt. Klopfen, Stampfen, Klatschen, Kopfnicken, Tanzschritte, Wiegen mit dem Oberkörper usw. bieten sich an. Der Phantasie im Aufsuchen der verschiedensten Möglichkeiten, auch mit Orffinstrumenten, sind keine Grenzen gesetzt.

Am Ende dieser Phase sollten sich Sprechgestalt von „bumdidi", rhythmische Bewegung und Begleitung zu einer Einheit zusammenfinden. Die ganze Klasse sollte akustisch und motorisch im Rhythmus schwingen.

2. Teilziel: Erschließen des Inhalts

Um die Schüler zur inhaltlichen Erschließung hinzuführen, wird noch einmal das Motivationsbild eingesetzt. Kinder setzten das in TZ1 Erarbeitete in Beziehung zum Zirkus. Sie sollen erraten, was es sein könnte. Im Anschluß an ein kurzes Kreisgespräch wird das Arbeitsblatt eingesetzt.

Die Schüler erkennen, daß es ein Elefant ist, der sich in der Zirkusmanege befindet. Sprechend und mit den Fingern auf die Fußstapfen mit Glöckchen zeigend fahren alle Kinder die Spur in der Arena nach. Am Ende steht die Erkenntnis: *So* geht der Elefant herum. Mit dem Lehrerimpuls „Aber am Ende das bum" werden die Schüler auf den zweiten Einschub aufmerksam gemacht. Die bildliche Darstellung auf dem Arbeitsblatt dient der Veranschaulichung des Sachverhalts: Ein Glöckchen an drei Beinen, kein Glöckchen an dem einen (Arbeitsblatt siehe Schülerarbeitsheft!).

Abschließend führt die Interpretation des Arbeitsblattes zur Gesamterfassung des Gedichtes: Die vier Fußstapfen gesprochen als „bumdidi", der erste Pfeil als „So geht der Elefant herum", dann wieder das „bumdidi", der zweite Pfeil als „Ein Glöckchen . . ." und das Abschließende „bumdidi . . .".

3. Teilziel: KLanggestaltung

Zusammenfassendes Vortragen – die Buben die Klanggestaltung des ‚bumdidi", die Mädchen die Sprechgestaltung der Einschübe – schließt die Erarbeitungsphase ab.

4. Zur Weiterführung

Zeichnerisches Ausgestalten des Arbeitsblattes (Zuschauer, Zelt usw.) und Ausmalen; weiteres musikalisch-rhythmisches Ausgestalten; ergänzende, selbstgestaltete Einschübe (z. B. „Der Bär tanzt rund herum." „Ein Glöckchen" . . . oder „Dann ist der Zirkus aus, die Kinder gehn nach Haus." Lernen anderer Kinderreime.[5]

---

[5] Siehe z. B.:
H. M. Enzensberger (Hrsg.): Allerleirauh. Viele schöne Kinderreime. Frankfurt/Main 1983.
J. Krüss (Hrsg.): So viele Tage wie das Jahr hat. Gedichte für Kinder und Kenner. Gütersloh 1959.
H.-J. Gelberg (Hrsg.): Die Stadt der Kinder. Gedichte für Kinder. Recklinghausen ²1982.

Roller, Roller, rattatat

Roller, Roller, rattatat,
wenn Robert einen Roller hat,
dann rollt er durch die ganze Stadt.
Roller, Roller, rattatat.

Evelin Dunkel

Evelin Dunkel: „Roller, Roller, rattatat"

1. Zur Sachanalyse

Zungenbrecher zählen nach *O. Watzke*[1] zu den Kinderreimen und schulen die spielerische Sprechbereitschaft, die Artikulationsfähigkeit und -fertigkeit der Kinder. Zur exakten Lautgewinnung und -produktion im Leselernprozeß fanden sie immer gerne Anwendung, gerieten aber leider in den letzten Jahren etwas in Vergessenheit, was nur zu bedauern ist. Gerade bei dem Laut „R", der bekanntlich vielen Schulanfängern Schwierigkeiten bereitet, eignet sich der Zungenbrecher von *E. Dunkel*[2] gut für die wirkungsvolle Unterstützung der genauen Lautgewinnung und -bildung in mehr spielerischer und somit kindgemäßer Weise. Der didaktisch passende Ort für den Einsatz des Zungenbrechers ist somit wohl der unmittelbare Anschluß an die Analyse des Buchstaben „R" oder gar der Einbezug in die „Analysestunde" selbst.

Der Sprechvers, der sich nach dem Schema abba reimt, ist in sprecherischer Hinsicht recht variantenreich: Vers eins und vier sind nach dem Prinzip Hebung und Senkung konstruiert, während zweiter und dritter Vers sich in Senkung und Hebung, also umgekehrt abwechseln. Dadurch wird der Eindruck der Geschlossenheit vermittelt. Weiterhin meint man, den Roller über Pflastersteine rattern zu hören und zu sehen, wie Robert mit dem einen Fuß auf dem Roller steht und mit dem anderen anschiebt.

2. Zur didaktischen Analyse

Zungenbrecher, die nach *H. Helmers*[3] zu den lyrischen Urformen gehören, bereiten Kindern viel Spaß, weil diese beim Aufsagen spüren und erleben, wie ihre Artikulationsfähigkeit und vor allem die Artikulationsfertigkeit zunehmen. Die Kinder sind den Erwachsenen oft überlegen oder kommen ihnen zumindest gleich, wenn es darum geht, sich auf diesem Gebiete zu produzieren. Der Erfolg wirkt sich auf ihr Selbstwertgefühl recht positiv aus, was nur zu begrüßen ist, denn Kinder können nach *R. Dreikurs*[4] gar nicht oft genug verstärkt werden.

Der vorliegende Sprechvers bereitet den Schulanfängern inhaltlich keine Schwierigkeiten: Robert rollt mit seinem Roller durch die ganze Stadt. Damit der Eindruck den Kindern auch recht anschaulich und eindrucksvoll vermittelt werden kann, sollte nach Möglichkeit ein Roller (möglichst ein Holzroller wegen des Geräusches, das er erzeugt, damit das Geräuschwort ‚rattatat' besser erklärt werden kann!) bereitgestellt werden. Notfalls sollte eine Tafelzeichnung wenigstens den Eindruck des Roller fahrenden Roberts den Kindern vor die Augen führen. Um die lesetechnische Bewältigung und das Auswendiglernen als Grundlage für einen Schnellsprechwettbewerb zu erleichtern, eignet sich besonders die Methode des Antizipierens, d. h. man erarbeitet den Text mit der Klasse gemeinsam Schritt für Schritt. Dies könnte in vier Phasen geschehen:

1. Phase: „Robert hat einen Roller" (Erarbeitung anhand des Motivationsbildes).
2. Phase: „Wenn Robert einen Roller hat, dann..." (Die Kinder führen den Satz selbständig zu Ende.)
3. Phase: Vorstellen des Mittelteiles: „Wenn Robert einen Roller hat, dann rollt er durch die ganze Stadt."
4. Phase: Hinzufügen des Verses eins und vier: „Roller, Roller, rattatat".

Dabei sollte das Geräuschwort ‚rattatat' erst antizipert werden, bevor es dargeboten wird, damit die Kinder auch kreativ tätig sein können.

Lernziele: Die Kinder sollen

1. den Zungenbrecher in seinem Inhalt erfassen,
2. ihn möglichst fehlerfrei und schnell auswendig aufsagen können,
3. Freude an der Lautmalerei des Kinderreimes haben.

3. Zur Verlaufsplanung

3.1 Hinführung

1. Motivationsbild: Bub mit Roller.
2. Die Kinder äußern sich zum Bild, berichten Erlebnisse vom Rollerfahren.

1 Oswald Watzke: Gedichte in Stundenbildern, 2. Jahrgangsstufe, Donauwörth 1980, vgl. S. 5.
2 Evelin Dunkel: Roller, Roller, rattatat. Aus: Reimschmiede, München 1966.
3 Hermann Helmers: Lyrischer Humor. Stuttgart 1971, vgl. S. 145.
4 Rudolf Dreikurs, Pearl Russel: Disziplin ohne Strafe. Ravensburg 1975, S. 51.

3.2 Textbegegnung

1. Mit den Kindern wird nun anhand des Bildes folgender Satz erarbeitet, angeschrieben und gelesen:
   Robert hat einen Roller.
2. Man gibt nun folgende Abwandlung vor:
   Wenn Robert einen Roller hat, dann . . .
   und läßt den Satz beenden.
3. Dann wird der eigentliche Sprechvers geboten:
   Wenn Robert einen Roller hat, dann rollt er durch die ganze Stadt.
4. Der Zungenbrecher wird gelesen und lesetechnisch nach dem bekannten Verfahren gesichert und durchdrungen: erst der Reihe nach lesen, Suchspiele einsetzen: Wo steht . . .? Wer findet . . . ? Einzellesen, Chorlesen, lautes Lesen, Flüstern . . .
5. Nun wird das lautmalende Wort ‚rattatat‘ erarbeitet, bzw. vorgegeben. Der Impuls könnte heißen: „Wenn Robert mit seinem Roller mit Holzrädern über Pflastersteine fährt, hört man sicherlich ein lautes Geräusch. Wer findet ein passendes Wort dafür?“
   Tafelanschrift: rattatat

3.3 Textdurchdringung

1. Die Kinder lesen den ganzen Text; einzeln, reihenweise und im Chor; möglichst viele Varianten einbringen!
2. Um vor allem die Lautproduktion des ‚R‘ zu schulen, läßt man erst alle R-Laute an der Tafel und auf dem Arbeitsblatt farbig nachfahren.
3. Es wird nun der Zungenbrecher mit der Klasse auswendig gelernt und anschließend ein Schnellsprechwettbewerb durchgeführt. Wer den Vers am schnellsten und mit den wenigsten Versprechern vortragen kann, hat gewonnen.

3.4 Ausweitung

Die Kinder malen Robert, wie er mit seinem Roller durch die Stadt rollt und schreiben (d. h. drucken)
„Robert“ und „Roller“ auf ihre Zeichnung.

4. Zur Weiterführung

Die Kinder dürfen weitere Zungenbrecher zu Hause lernen und am nächsten Tag aufsagen; Ausmalen des illustrierten Gedichtblattes (Kopiervorlage); Buchstaben „r“ und „R“ in Textblöcken (Zeitung usw.) farbig umkreisen und sprechen lassen.

Wann Freunde wichtig sind

Freunde sind wichtig
zum Sandburgenbauen,
Freunde sind wichtig,
wenn andre dich hauen.

Freunde sind wichtig
zum Schneckenhaussuchen,
Freunde sind wichtig
zum Essen von Kuchen.

Vormittags, abends,
im Freien, im Zimmer…
Wann Freunde wichtig sind?
Eigentlich immer!

Georg Bydlinski

Georg Bydlinski: „Wann Freunde wichtig sind"

1. Zur Sachanalyse

Das dreistrophige Gedicht[1] ist klar und einfach aufgebaut. Der Dichter[2] geht der Frage nach, wann Freunde eigentlich wichtig seien. In den beiden ersten Strophen werden Situationen aufgezählt, die den Kindern geläufig sind. Daß Freunde wichtig sind, wird an vier Beispielen deutlich gemacht. Im vierten Vers fühlt sich der Leser persönlich angesprochen: „. . . wenn andre dich hauen." Geschlagen werden ist eine Erfahrung, die jedes Kind schon einmal gemacht hat. Die letzte Strophe erweitert das Blickfeld. Nicht mehr einzelne Situationen und Tätigkeiten werden genannt, sondern es wird verallgemeinert, erweitert. Tageszeiten und Orte werden aufgezählt. Sie sind beliebig zu erweitern, daher die Gedankenpunkte. Die Antwort auf die Frage nach der Wichtigkeit von Freunden wird in der letzten Strophe gegeben: „Wann Freunde wichtig sind? Eigentlich immer!" Jede Strophe enthält einen Kreuzreim. Es reimen sich jeweils die Wörter, die eine Antwort auf die Frage nach der Wichtigkeit von Freunden geben.

2. Zur didaktischen Analyse

Das Thema Freundschaft spielt auch bei Erstkläßlern bereits eine große Rolle. Kindergartenfreundschaften bleiben oft bestehen, neue Freunde werden gefunden. Freundschaften gehen aber auch schnell auseinander. Das Thema Freundschaft berührt jedes Kind persönlich. Ohne diese macht das Kindsein, das Leben überhaupt, wenig Freude. Das Gedicht regt die Kinder an, über Freunde und Freundschaft nachzudenken. Wir brauchen nicht nur andere als Freunde. Wir selbst können Freunde für andere sein.

Das Gedicht kann im Zusammenhang mit dem Thema Familie im Heimat- und Sachkundeunterricht behandelt werden, also am Anfang im ersten Schuljahr. Lesetechnisch können die Kinder den Text natürlich nicht bewältigen. Die Wiederholungen „Freunde sind wichtig" erleichtern jedoch das Aufsagen. Der Schwerpunkt unterrichtlicher Behandlung liegt auf dem Inhalt. Bilder unterstützen das Aufsagen in der richtigen Reihenfolge.

Lernziele: Die Kinder sollen

1. über Freundschaft nachdenken und den Inhalt erlebnismäßig erfassen,
2. Beispiele für gemeinsame Tätigkeiten mit Freunden finden,
3. Freude am Sprechen des Gedichtes haben,
4. das Gedicht klanggestaltend sprechen können.

3. Zur Verlaufsplanung

3.1 Phase der Motivation

An der Tafel hängt ein Bild mit zwei Kindern, die sich an der Hand fassen und lachen. Sie erhalten Namen. Die Kinder äußern sich spontan und stellen fest, daß es sich um Freunde handelt.

Impuls: „Ihr habt auch Freunde!" Die Kinder erzählen, wer ihr Freund, ihre Freunde sind und berichten von gemeinsamen Erlebnissen.

Zielangabe: „Wir wollen uns jetzt überlegen, wann Freunde eigentlich wichtig sind."

3.2 Phase der Textbegegnung

Die Lehrkraft trägt die beiden ersten Zeilen des Gedichtes vor: „Freunde sind wichtig zum Sandburgenbauen." Ein Bild wird dazu an die Tafel geheftet. Die Kinder äußern sich zu dieser Feststellung.

Impuls: „Freunde sind aber nicht nur zum Bauen von Sandburgen wichtig!" Die Kinder nennen weitere Situationen, in denen sie Freunde brauchen. Nun trägt die Lehrkaft das ganze Gedicht frei vor. Die Kinder äußern sich spontan.

3.3 Phase der Texterschließung
3.3.1. Analyse des Inhalts

Es folgt ein zweiter Lehrervortrag. Die Kinder wiederholen den Inhalt und heften währenddessen entsprechende Bilder an die Tafel (ungeordnet). Sie ordnen während eines weiteren Vortrags die Bilder der Reihe nach. Wer kann schon mitsprechen?

---

1 Georg Bydlinski: Wann Freunde wichtig sind. Aus: Der Mond heißt heute Michel. Freiburg 1981, S. 25.
2 Georg Bydlinski, geb. 1956 in Graz, Kinderlyriker, Kinderbuchautor, Werke u. a.: „Pimpel und Pompel aus Limonadien" (1980), „Der Mond heißt heute Michel". Gedichte für Kinder (1981), „Nikki" (1982).

3.3.2 Analyse des Gehalts

Impuls: „Ihr habt jetzt erfahren, daß man Freunde nicht nur zum Spielen braucht!" Die Kinder berichten, daß Freunde eigentlich immer wichtig sind. Impuls: „Ihr braucht nicht nur andere Kinder als Freunde. Auch ihr selbst könnt Freunde sein!" Die Kinder nennen Situationen, in denen sie sich als Freunde erwiesen haben. Im Unterrichtsgespräch wird überlegt, wie es wäre, wenn man keine Freunde hätte. Ergebnis: Ohne Freunde wäre das Leben traurig. Es kann auch darauf eingegangen werden, daß es Kinder gibt, die keine Freunde haben. Möglichkeiten der Hilfe können überlegt werden.

3.3.3. Klanggestalt

Wer kann unser kleines Gedicht schon allein aufsagen? Die Bilder an der Tafel helfen dabei. Besonderer Wert ist gerade am Anfang im Schuljahr auf genaue Artikulation zu legen sowie auf den Frage- und Ausrufesatz. Das Gedicht wird von mehreren Kindern gesprochen, die jeweils zu ihren Versen das passende Bild zeigen. Die beiden letzten Verse sprechen wir gemeinsam.

Tafelbild

Wann Freunde wichtig sind

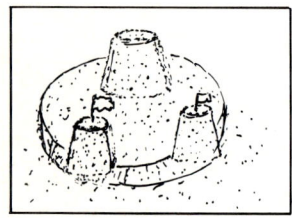 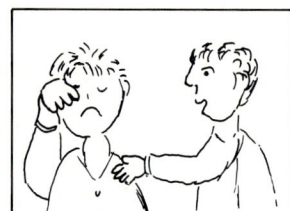  

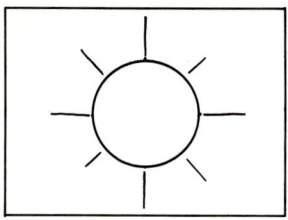   

immer

4. Zur Weiterführung

1. Das Textblatt (Kopiervorlage) wird ausgemalt.
2. Das Lied wird gesungen (Seite 23. Strophen zur freien Auswahl)[3].
3. Die Kinder gestalten ein „Wir-Plakat" (Selbstbildnisse).
4. Sie malen zum Thema „Mein Freund und ich".

---

3 Rolf Krenzer (Hrsg.): Glauben erlebbar machen. Freiburg 1985, S. 82.
  Rechte im Peter Janssens Musik-Verlag. Telgte 1985: Aus MC und Liedheft: „Ich schenk' dir einen Sonnenstrahl".

Weil ich grad dich so gerne mag

2. Weil ich grad sich so gerne mag,
   sag ich dir klipp und klar:
   Wenn du mir deine Hände gibst,
   dann ist das wunderbar.
   Na klar, na klar,
   wenn du mir deine Hände gibst,
   dann ist das wunderbar.

3. Weil ich grad dich so gerne mag,
   sag ich dir klipp und klar:
   Häng dich ein bißchen bei mir ein,
   dann ist das wunderbar.
   Na klar, na klar,
   häng dich ein bißchen bei mir ein,
   dann ist das wunderbar.

4. Weil ich grad dich so gerne mag,
   sag ich dir klipp und klar:
   Wenn du mit mir spazieren gehst,
   dann ist das wunderbar.
   Na klar, na klar,
   wenn du mit mir spazieren gehst,
   dann ist das wunderbar.

5. Weil ich grad dich so gerne mag,
   sag ich dir klipp und klar:
   Leg einfach deinen Arm um mich,
   dann ist das wunderbar.
   Na klar, na klar,
   leg einfach deinen Arm um mich,
   dann ist das wunderbar.

6. Weil ich grad dich so gerne mag,
   sag ich dir klipp und klar:
   Wenn du mit mir ein Tänzchen wagst,
   dann ist das wunderbar.
   Na klar, na klar,
   wenn du mit mir ein Tänzchen wagst,
   dann ist das wunderbar.

7. Weil uns das Tanzen Freude macht,
   das weiß doch jedermann,
   fängt unser Lied und unser Tanz
   nochmal von vorne an.
   Ja dann, ja dann
   fängt unser Lied und unser Tanz
   nochmal von vorne an.

Text: Rolf Krenzer *Musik: Peter Janssens

Laternenlied

Ich geh mit meiner Laterne
und meine Laterne mit mir.
Da oben leuchten die Sterne,
hier unten leuchten wir.

Mein Licht ist aus,
ich geh nach Haus.
Rabimmel, rabammel,
rabumm.

Volksgut

Volksgut: „Laternenlied"

1. Zur Sachanalyse

Die Überschrift weist auf die literarische Gattung hin. Worte und Weise dieses Volksliedes stammen aus Holstein.[1] Es erzählt in ich-bezogener Form von einem Laternenzug am Abend des Martinstages (11. November). Aus dem Liedvers sind der innige, vermenschlichte Bezug zwischen Laternenträger und Laterne und die Vorstellung eines naiven, aber allumfassenden Weltbildes und einer intakten Dorfgemeinschaft erkennbar. Diese psychische Ausgewogenheit zeigt sich auch im Refrain: Wenn das Licht aus ist, geht es nach Hause. Da gibt es keinen Ärger und keine Aufregung. Das ist nun mal so. Ein Reim mit Vokal- und Konsonantenvariationen läßt den Laternen-Umzug verklingen und bringt auch die Selbstzufriedenheit des Erzählers zum Ausdruck.

Typisch für das Volkslied sind der Kreuzreim (abab), der Wechsel zwischen klingendem und stumpfen Reim, der schlichte Satzbau und die einfache Wortwahl. Nicht ganz so einfach stellt sich der Rhythmus dar; er ist daktylisch.

Das Lied bietet uns Einblick in Vorstellungen und Stimmungen des Volkes.

2. Zur didaktischen Analyse

Gedichte in der ersten Jahrgangsstufe stehen neben einer behutsamen Anbahnung und Sensibilisierung für Poesie auch im Dienste der breitgefächerten Aufgaben des Erstunterrichts, z. B. Sichern eines bruchlosen Übergangs zur Schule, Entfaltung der Begabung und der Bereicherung der Lernmöglichkeiten, Förderung der Hör- und Sprechaktivitäten, Einüben von Formen gemeinsamen Lernens, Freude am Lernen gewinnen, Berücksichtigung spielähnlicher Lernformen, Pflege des sprachlichen, bildnerischen und pantomimischen Ausdrucks und sozialpädagogischer Anliegen.[2]

Die Thematik „St. Martin" bietet sich besonders an, um fachübergreifenden Unterricht in den Bereichen Religion, Kunsterziehung, Musik, Handarbeit und Erstlesen zu gestalten. Mit der Erarbeitung der Sprech- und Klanggestalt des vorliegenden Liedes können Sprech- und Lernfreude geweckt, einfache Formen der Poesie gepflegt, ein Beitrag zur Gestaltung des Schullebens und Brauchtums geleistet, sprachlicher Ausdruck und Artikulationsfähigkeit gesteigert, Hemmungen abgebaut, Kulturgut aus dem Bereich Volksdichtung weitergegeben und eine Möglichkeit der Selbstdarstellung aufgezeigt werden. Auf die fachspezifischen Begriffe wie Lied, Vers, Reim, Rhythmus braucht nicht eingegangen zu werden. Auch hier steht das gefühlmäßige Erfassen und gefühlsbetonte Aufnehmen im Vordergrund.

Lernziel: Die Kinder sollen

1. sprachhandelnd erfahren, daß ein Umzug durch ein „Gedicht" (Lied) belebt und daß das Schul- und Klassenleben bereichert wird,
2. das Gedicht auswendig lernen, um sich selbst darstellen zu können,
3. durch Vor- und Nachsprechen den Rhythmus erspüren,
4. angeregt werden, andere Martins- und Laternenlieder zu sammeln und sie der Klasse vorzutragen,
5. in ihrem Empfinden für Poesie verstärkt werden,
6. im Erlernen von Volksdichtung befähigt werden, dieses wertvolle Kulturgut weiter zu tradieren.

3. Zur Verlaufsplanung

3.1 Hinführung

Stummer Impuls: Die Lehrkraft zeigt verschiedene, wenn möglich, von Schülern gestaltete Laternen vor und weist auf den bevorstehenden Martinstag hin. Schüler sollen sich dazu spontan äußern. Weiterführender Lehrimpuls: Etwas fehlt noch für unseren Umzug. Schüler stellen Vermutungen an.

3.2 Rezeptionsphase

1. Teilziel: Begegnung mit dem Volksgut durch Lehrervortrag

Die Lehrkraft trägt das Gedicht sprach- und sinngestaltend vor. Die Kinder können sich anschließend über die empfundenen Auffälligkeiten in einem Kreisgespräch äußern.

Eigene Erlebnisse von miterlebten Laternenumzügen können mit eingebracht werden.

---

1 Volksgut: Laternenlied. Aus: Heiner Wolf (Hrsg.): Unser fröhlicher Gesell. Wolfenbüttel-Zürich/Bad Godesberg 1964, S. 361.

2 Gerhart Mahler/Erich Selzle (Hrsg.): Lehrplan für die Grundschule in Bayern mit Erläuterungen und Handreichungen, Donauwörth 1982, vgl. S. 100 ff.

2. Teilziel: Begegnung durch eigenes Nachsprechen

Schüler nehmen die gebastelten Laternen zur Hand und sprechen dialogisch und pantomimisch den Text nach. Zunächst zeigen die Schüler auf sich selbst, dann auf die Laterne, dann wird mit den Fingern zur Decke gezeigt und schließlich mit einer Kreisbewegung der Hand die ganze Klasse mit eingeschlossen.

Der Refrain könnte ähnlich gestaltet werden. Pantomimisch könnte ein Licht ausgeblasen und mit einer Handbewegung der Heimweg angezeigt werden. Rhythmisch-melodisches Sprechen erfaßt die ausklingenden Reime: Rabimmel, rabammel, rabumm.

3.2 Reproduktionsphase

1. Teilziel: Ausformung der Sprechgestalt

Diese Ausformung erfolgt wie in Teilziel 2 der Rezeptionsphase. Die lautmalenden Reime könnten durch Orffinstrumentarium oder Körperinstrumente rhythmisch verstärkt werden.

Ein kleiner Umzug durch die Klasse könnte das Erreichte herausstellen und zur musikalischen Gestaltung hinführen.

2. Teilziel: Musikalische Ausformung

Nach einer kurzen Verschnaufpasue vom sprechgestalteten Umzug könnten die Schüler selbst darauf kommen, daß der ganze Text gesungen noch besser klingt. Andernfalls könnte der Lehrer durch einen verbalen Impuls die Schüler darauf aufmerksam machen. Die Melodie wird vorgestellt. Das Lied kann vorgesungen oder auch vorgespielt werden.

ICH GEH MIT MEINER LATERNE

Ich geh mit mei-ner La-ter-ne und mei-ne La-ter-ne mit mir. / Da o-ben leuchten die Ster-ne und un-ten da leuch-ten wir. / Mein Licht ist aus, ich geh nach Haus; ra-bim-mel, ra-bammel, ra-bumm.

Musikalisch-rhythmische Ausgestaltung[3] mit Orffinstrumenten könnte sich noch anschließen.

4. Zur Weiterführung

Die erarbeiteten Ergebnisse könnten für einen Laternenzug in der Schule oder am Abend des Martinstages eingebracht werden. In Ergänzung dazu könnten noch andere Laternen- und Martinslieder[4] gelernt werden, z. B. „Laterne, Laterne, Sonne, Mond und Sterne", Martin, Martin, Martin war ein frommer Mann.[5]

---

3 Sankt-Martin- und Laternenlieder, Fidula-Fon, Boppard: Fidula-Verlag.
4 Willi Dvaths: St. Martins-Lieder, TB ED 5944, B. Schott's Söhne Mainz.
5 Marina Thudichum (Hrsg.): Weihnachten für alle. Donauwörth: Auer-Verlag 1980, S. 15.

Der Bratapfel

Jhr Kinder, kommt und ratet,
was im Ofen bratet!
Hört, wie es knallt und zischt!
Bald wird er aufgetischt,
der Zipfel, der Zapfel,
der Kipfel, der Kapfel,
der gelbrote Apfel.

Jhr Kinder, laufet schneller!
Holt euch einen Teller!
Holt eine Gabel!
Sperrt auf den Schnabel
für den Zipfel, den Zapfel,
den Kipfel, den Kapfel,
den goldbraunen Apfel!

Sie pusten und sie prusten,
sie gucken und sie schlucken,
schnalzen und schmecken,
lecken und schlecken
den Zipfel, den Zapfel,
den Kipfel, den Kapfel,
den knusprigen Apfel.

Fritz und Emilie Kögel

Fritz und Emilie Kögel: „Der Bratapfel"

1. Zur Sachanalyse

Trotz des Umfangs ist das vorliegende Gedicht vor allem wegen der Wortspiele und der lautmalerischen Elemente auch schon für einen ersten Jahrgang geeignet. Es ist eine Mischung aus Geschehenslyrik (Brutzeln des Apfels und genüßliches Essen der Kinder) und Klanglyrik (Lautmalerei: gucken – schlucken, schnalzen – schmecken, lecken – schlecken, pusten – prusten; Wortspiele: Zipfel – Zapfel, Kipfel – Kapfel).

Das Gedicht gliedert sich in drei Strophen mit jeweils sieben Zeilen. Die jeweils fünfte und sechste Zeile einer Strophe enthält das Wortspiel. Als Reimform tritt der Paarreim auf, der die Aufnahme sowie das Behalten im Gedächtnis erleichtert. Kindgemäß und einfach ist auch der gleichmäßige Rhythmus. Über den jeweils vier ersten Zeilen wird ein Spannungsbogen aufgebaut, der über den letzten drei Zeilen (Wortspiele) abfällt. Die letzten Zeilen heben sich durch den anderen Rhythmus (zweihebiger Jambus) ab.

Der Schwerpunkt unterrichtlicher Behandlung liegt wohl auf der Lautmalerei. Da die Kinder im ersten Jahrgang den Text lesetechnisch nicht bewältigen können, wird bei der Behandlung das häufige Mit- und Nachsprechen Vorrang haben sowie das Singen des Gedichtes[1].

2. Zur didaktischen Analyse

Das Gedicht greift einen Brauch auf, der den meisten Schülern kaum bekannt sein dürfte. Es kann im Zusammenhang mit dem Thema „Mein Pausenapfel" oder „Wohin mit dem vielen Obst?" aus dem Sachunterricht behandelt werden.

Herauszuarbeiten wäre die Veränderung des Apfels vom gelbroten über den goldbraunen zum knusprigen Apfel.

Die Freude des Grundschülers am hörenden, sprechenden und spielerischen Umgang mit Sprache ist beinahe unerschöpflich. Diese Freude zu vermitteln eignet sich das Gedicht in besonderem Maße. Spaß sollen die Schüler haben durch die szenische Darstellung von Handlungssituationen aus dem Gedicht und durch das Singen.

Lernziele: Die Kinder sollen

1. das beschriebene Geschehen in der Gedichtbegegnung zunächst akustisch, später optisch in seiner Gesamtheit erfassen,
2. durch lautes „Vorlesen" Inhalt und Sprachgestalt erfassen,
3. die Wirkung der Klanglyrik als lustig beschreiben und Freude am klanggestaltenden Vortrag haben,
4. den einzelnen Strophen je ein Bild zuordnen können,
5. anhand der Melodie das Gedicht auswendig singen können.

3. Zur Verlaufsplanung

3.1 Motivationsphase

Der Lehrer zeigt einen besonders schönen Apfel. Die Schüler berichten, was man aus Äpfeln alles machen kann (Saft, Gelee, Kuchen, Schnaps, Brei, Pfannkuchen). Als Zielangabe wird das Wort „Bratapfel" an die Tafel geschrieben mit dem Hinweis: „Aus diesem Apfel kann man aber auch etwas ganz besonders Gutes machen!"

Die Schüler äußern sich dazu, manche wissen vielleicht, wie ein Bratapfel zubereitet wird.

3.2 Textbegegnung

Der Lehrer trägt die erste Strophe vor. Die Schüler äußern sich spontan dazu. Der Impuls: „Der Bratapfel ist aber noch nicht fertig. Er steckt ja noch im Ofen!" leitet über zum Vortrag der zweiten und dritten Strophe.

Die Kinder äußern sich dazu im freien Unterrichtsgespräch.

Ein zweiter Lehrervortrag schließt sich an, einzelne Schüler sprechen bereits die Wortspiele mit.

3.3 Textdurchdringung
3.3.1 Inhaltliche Erschließung

Der Text wird ausgeteilt und die Schüler sprechen ihn zusammen mit dem Lehrer. Der Impuls „Der Apfel hat sich aber sehr verändert" bringt die Schüler dazu, das Aussehen des Apfels näher zu beschreiben. Zuerst ist der Apfel gelbrot – dann goldbraun – dann knusprig.

Der Rhythmisierung dient die darauffolgende Malphase. Die Kinder malen die Äpfel auf dem Arbeitsblatt in der entsprechenden Farbe aus. Es kann dabei geklärt werden, weshalb der knusprige Apfel Runzeln hat.

---

1 Fritz und Emilie Kögel: Der Bratapfel. Aus: Willkommen, lieber Tag. Hrsg. von Richard Rudolf Klein. Frankfurt/Main: Diesterweg [12]1975, Band I, S. 108.

Um den Schülern das Gedicht nahe zu bringen, wird es erneut gemeinsam gesprochen. Der Impuls „Ich kann mir denken, weshalb ihr schon einige Zeilen mitsprechen könnt!" macht die Schüler auf die Wortspiele aufmerksam, sowie auf die Reimwörter. Sie suchen im Text das Wort Apfel und unterstreichen es. Das Wortspiel wird am Wort „Apfel" an der Tafel deutlich gemacht. Die Kinder erkennen: Buchstaben werden ausgetauscht.

Zum Abschluß kann das Gedicht gesungen werden.[2]

Das Singen begleiten einige Schüler mit Mimik und Gestik.

4. Zur Weiterführung

Ist eine Schulküche vorhanden, könnte sich das Brutzeln (Akustik!) von „Brataäpfeln" anschließen (auch als Hausaufgabe vorstellbar).

Tafelbild

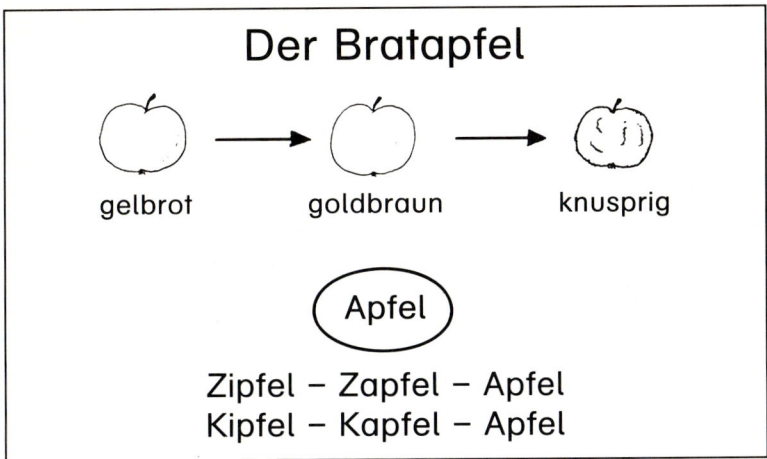

Lied

Der Bratapfel

2. Ihr Kinder, laufet schneller!
   Holt euch einen Teller!
   Holt eine Gabel!
   Sperrt auf den Schnabel
   für den Zipfel, den Zapfel,
   den Kipfel, den Kapfel,
   den goldbraunen Apfel.

3. Sie pusten und sie prusten,
   sie gucken und sie schlucken,
   schnalzen und schmecken,
   lecken und schlecken
   den Zipfel, den Zapfel,
   den Kipfel, den Kapfel,
   den knusprigen Apfel.

Worte: Fritz und Emilie Kögel.   Weise: Richard Rudolf Klein

---

2 Ebda.

Weihnacht

„Christkind ist da",
sangen die Engel im Kreise
über der Krippe
immerzu.

Der Esel sagte leise:
I – a
und der Ochs sein Muh.

Der Herr der Welten
ließ alles gelten.
Es dürfen auch nahen
ich und du.

Josef Guggenmos

Josef Guggenmos: „Weihnacht"

1. Zur Sachanalyse

In dem Gedicht von *J. Guggenmos*[1] kommt die Heilsbotschaft des Weihnachtsfestes auf eine schlichte, kindgemäß formulierte und unverfälschte Weise zum Ausdruck: Die Engel verkünden in der ersten Strophe die Frohbotschaft von der Geburt Christi. In den Chor der Engel stimmen Esel und Ochs mit ihrem einfachen „I-a" und „Muh" mit ein (zweite Strophe). In der dritten Strophe erfolgt die Loslösung von dem historischen Ereignis in Bethlehem. Auch wir Menschen des 20. Jahrhunderts („ich und du") dürfen gewissermaßen als Stellvertreter der in dem Gedicht nicht erwähnten Hirten der Krippe nahen, um uns von dem Wunder der Geburt des Gottessohnes einfangen zu lassen.

Der Dichter *J. Guggenmos* kleidet seine Aussage in eine schlichte, klar verständliche Sprache, die dem Wunder der Menschwerdung des Gottessohnes in den einfachen Verhältnissen des Stalles in Bethlehem am optimalsten gerecht wird. Das kunstvolle Reimgefüge kann in einer ersten Jahrgangsstufe nicht interpretiert werden. Dies bleibt der Behandlung in einer höheren Jahrgangsstufe vorbehalten. Dort könnte auch der Aufbau analysiert werden, was für eine 1. Klasse ebenfalls zu schwierig ist.

2. Zur didaktischen Analyse

Man sollte es auf keinen Fall versäumen, dieses Gedicht vor oder kurz nach Weihnachten den Kindern vorzustellen, auch wenn man in lesetechnischer Hinsicht Bedenken haben sollte, daß noch nicht alle Buchstaben analysiert, und die Kinder in ihrer Lesefertigkeit noch nicht so weit fortgeschritten sind. Ich glaube schon, daß die Schulanfänger aufgrund der neuen Leselernmethode zu mehr als nur zu „sinnratendem Lesen"[2] fähig sind. Weiterhin dürfte das „Einstimmen" (Singen des Weihnachtsliedes: „Ihr Kinderlein kommet . . .") mit anschließender Analyse des Inhalts in Verbindung mit der Erarbeitung eines Tafelbildes, das umrißhaft vorbereitet, jetzt farblich ausgestaltet und mit den Begriffen wie „Krippe, Christkind, Engel, Ochs, Esel, Maria und Joseph") versehen wird, eine wichtige Hilfe für die lesetechnische Bewältigung des Gedichtes darstellen. Dazu sollten das schrittweise „Erlesen und Ersprechen", das „gemeinsame sinnerschließende Lesen", das „Beantworten von Kontrollfragen und gezielten Leseaufträgen" und das „Erschließen mit Leitfragen" ihre Wirkung beim Kind nicht verfehlen.

Lernziele: Die Kinder sollen

1. den Inhalt erlebnismäßig erfassen,
2. das Gedicht angemessen vortragen,
3. erkennen, daß auch wir uns „dem Herrn der Welt" in der Krippe nähern dürfen und sollen.

3. Zur Verlaufsplanung

3.1 Einstimmung

1. Die Kinder singen die ersten drei Strophen des Liedes: „Ihr Kinderlein kommet . . ." (Sollte das Lied nicht bekannt sein, Darbietung mit Hilfe von Schallplatte bzw. Kassette.)
2. Es erfolgt eine Aussprache über den Inhalt des eben gesungenen Liedes. Dabei entsteht gemäß der Aussprache ein Tafelbild mit der Krippenszene, das – umrißhaft – vorbereitet jetzt farblich ausgestaltet, beschriftet (Krippe, Engel, Ochs, Esel, Christkind, Maria, Joseph, Hirten) und gelesen wird.
3. Die Lehrkraft kündigt eine zu dem Lied und Bild passende Geschichte an. Um eine gewisse positive Erwartungshaltung[3] zu erzeugen, weist man darauf hin, daß in der Geschichte noch mehr Menschen vorkommen werden, die bisher noch nicht erwähnt worden sind.

3.2 Textbegegnung

1. Die Lehrkraft trägt das Gedicht zweimal auswendig vor, damit der Inhalt und die Atmosphäre des Gedichtes besser erfaßt werden können.
2. Es schließt sich eine freie Aussprache an.

---

1 Josef Guggenmos: Weihnacht. Aus: Mutzebutz. Wien: Österreichischer Bundesverlag o. J.
2 Kitzinger, Kopp, Selzle: Lehrplan für die Grundschule in Bayern mit Erläuterungen und Handreichungen. Donauwörth 1978, S. 121.
3 Kurt Franz: Kinderlyrik. Struktur, Rezeption, Didaktik. München 1979, S. 151.

3.3 Texterschließung

1. Teilziel: Erschließen des Inhalts und der Klanggestalt

1. Der bisher verdeckte Tafeltext wird jetzt gemeinsam nachgelesen und dabei geklärt. Dies geschieht am besten strophenweise.
   – Die erste Strophe dürfte wenig Schwierigkeiten bereiten, da die tragenden Begriffe (Christkind, Engel, Krippe) bereits unter 3.1 erläutert wurden. „Kreise" wird mit Hilfe des Tafelbildes veranschaulicht und gedeutet. Was die Engel sagen („Christkind ist da") könnte man farblich hervorheben, was sich für das spätere klanggestaltende Vorlesen positiv auswirken sollte.
   – Auch in der 2. Strophe dürfte das Lesen der Ganzwörter keine große Schwierigkeiten verursachen, da bereits unter 3.1 entsprechend vorgearbeitet wurde. „I-a" und „Muh" ebenfalls (vgl. o.) hervorheben als Hilfe für den späteren ausdrucksgestaltenden Vortrag durch die Kinder!
   – „Herr der Welten" (dritte Strophe) erklären, am besten durch Synonyme („Wer kann ein anderes Wort dafür sagen?").
2. Lernzielkontrolle (Kontrollfragen zur Inhaltserfassung – zugleich Lesetraining):
   Wer liest vor, was die Engel sangen?
   Wo sangen die Engel?
   Was sagte der Esel bzw. der Ochs?
   Wie wird das Christkind noch genannt?
   Wer darf alles an die Krippe kommen?
   Wer fehlt in unserer Geschichte aus unserem Lied?
3. Erarbeitung eines angemessenen Vortrages:
   – In formaler Hinsicht: Rollenlesen anstreben, da die farbliche Hervorhebung eine gute Hilfe darstellt. „Christkind ist da" könnte von der Klasse nach einer frei erfundenen Melodie oder nach „Ihr Kinderlein kommet . . ." gesungen werden.
   – In lesetechnischer Hinsicht: Suchspiel: Wo steht ‚Christkind . . .'? Wortkartentraining: schwierige Begriffe auf Karton schreiben, kurz hochhalten und lesen lassen!
4. Durchführung (evtl. auf Tonband).

2. Teilziel: Erschließen des Gehalts

Es sollte in einem kurzen Unterrichtsgespräch der Bedeutungsgehalt vor allem der dritten Strophe (vgl. Sachanalyse!) erschlossen werden. Dabei wird das Tafelbild abgeändert: „Hirten" abwischen, dafür „ich und du (wir alle)" anschreiben und begründen lassen! Nicht vergessen, die Überschrift zu überdenken: „Weihnacht" ist durch die Geburt des Christkindes, des Herrn der Welten, wirklich eine „geweihte Nacht"!

4. Zur Weiterführung

1. Die Kinder gestalten eine Szene zum Gedicht mit Wachsmalstiften, die zusammen mit dem Gedichtvortrag (auswendig lernen lassen?) in eine klasseninterne Weihnachtsfeier mit einbezogen wird.
2. Hausaufgabe: Gedicht lernen bzw. gründlich lesen.
3. Ausgestalten des Gedichtblattes (Kopiervorlage).
4. Kennenlernen eines weiteren Weihnachtsgedichtes (im Lesebuch oder in einer Gedichtsammlung).

Schneemann

Sagt nur, wieviel weiße Hemden
hat der Schneemann an?
Hat er 1 2 3 4 5 6 7
oder hundert Hemden an?

Sonne hat viel tausend Augen
und sie siehts ihm an:
Hat er 1 2 3 4 5 6 7
oder hundert Hemden an?

Sonne zieht dem kugelrunden
Schneemann vor dem Haus
seine 1 2 3 4 5 6 7
oder hundert Hemden aus.

Hans Baumann

Hans Baumann: „Schneemann"

1. Zur Sachanalyse

Hans Baumann[1] greift im vorliegenden Gedicht ein für Kinder beliebtes Winterthema auf. In ungewohnter Weise fragt er recht herausfordernd nach der Anzahl der Hemden eines Schneemannes. Da sich wohl noch niemand darüber Gedanken gemacht hat, erreicht er im Leser (Hörer) zunächst einen Überraschungseffekt und schließlich Neugierde. Um uns bei der Suche nach einer Antwort behilflich zu sein, bietet er ein breitgefächertes Sortiment von einem bis hundert Hemden an. In der Erkenntnis, daß wir Menschen wohl nicht in der Lage sind, bei unserer zu realen Einstellung die richtige Antwort zu erraten, führt er die Sonne „mit ihren tausend Augen" an. Sie sieht's dem Schneemann an. In dieser Phase vollzieht sich der Schritt vom Realen zum Irrealen. Da uns das entsprechende Zeicheninventar fehlt, um uns mit der Sonne verständigen zu können, bleibt uns die Anzahl verborgen. Darauf kommt es auch nicht an. Wenn die Zeit gekommen ist, zieht die Sonne dem Repräsentanten des Winters die entsprechende Anzahl von Hemden aus und bereitet damit dem Frühling den Weg in das Land.

Der Dichter gestaltet dieses kleine märchenhafte Spätwinterereignis mit den anthropomorphisierten Gestalten von Schneemann und Sonne liedhaft. Kreuzreim (abab), schlichter Satzbau, einfache Semantik, Wechsel zwischen klingendem und stumpfen Reim, die refrainartigen dritten und vierten Zeilen und der einfache, fallende Rhythmus (Trochäus) sind die typischen Kennzeichen. Das unmittelbare Angesprochensein im ersten Vers verliert sich allmählich. Im letzten Vers ist der Leser (Hörer) nur noch danebenstehender Betrachter.

2. Zur didaktischen Analyse

Das Signalwort „Schneemann" zeigt sich aus Erfahrung so motivationsträchtig, daß die Schüler sich leicht für das literarische Anliegen begeistern lassen. Im Bereich der mündlichen Sprachgestaltung läßt sich dieses Thema unendlich ausweiten. Im Anschluß an kurze Erlebnis- und Erfahrungsberichte bietet sich die auffordernde Frage „Sagt nur, wieviel weiße Hemden hat der Schneemann an?" als einengender Impuls an. Eine mündliche Auseinandersetzung mit dem Körper und Bestandteilen des Schneemannes ermöglicht eine Erweiterung des Blickfeldes in Form einer sachlichen Klärung und begrifflicher Arbeit. Mit der Frage nach den Hemden vollzieht sich der Schritt vom Realen zum Irrealen. Damit bleibt die Fragwürdigkeit auch erhalten. Die Berücksichtigung des emotionalen Bereichs kann einen Beitrag zur Aktivierung der Phantasie leisten. Dieser Schritt in die Welt der Phantasie ist auch notwendig, um den Inhalt des Gedichtes mit den anthropomorphen Gestalten von Schneemann und Sonne zu begreifen. In Verbindung mit Bildtafeln kann das Gedicht vorgetragen und ersprochen werden. Neben dem gefühlsmäßigen Erfassen von Wiederholung, Reim und Rhythmus kann eine Förderung der Artikulationsfertigkeit, Sprech- und Vortragsbereitschaft[2] und Pflege eines sinngestaltenden Vortrags erreicht werden.

Lernziele: Die Kinder sollen

1. das Schneemannsgedicht auswendig lernen,
2. den Inhalt gefühlsbetont erfassen,
3. durch das Lernen und Vortragen für lyrische Elemente sensibilisiert werden,
4. eine Aktivierung ihrer Phantasie erfahren,
5. zu sinngestaltendem Vortragen angeleitet und ermutigt werden,
6. Freude an lyrischen Texten finden,
7. in ihrer Artikulationsfertigkeit und Vortragsbereitschaft gefördert werden.

3. Zur Verlaufsplanung

3.1 Hinführung

Der Lehrer schreibt das Signalwort „Schneemann" an die Tafel oder setzt ein Bild eines Schneemannes als optischen Impuls ein, um die Schüler zu mündlicher Sprachgestaltung zu aktivieren, in der sie spontan ihre Gedanken, Gefühle, Erlebnisse und ihr Wissen um den Schneemann äußern. Dabei sind im begrifflichen Bereich in entsprechender Form Klärung und Erweiterung des Sprachschatzes zu beachten.

Damit die Hinführung aber nicht ins Uferlose abgleitet, stellt der Lehrer die Frage: „Sagt nur . . .?"

---

1 Hans Baumann: Schneemann. Aus: Eins zu Null für uns Kinder. Oldenburg/München 1973.
2 Oswald Watzke: Umgang mit Texten in der Primarstufe. München ³1979, vgl. S. 82.

 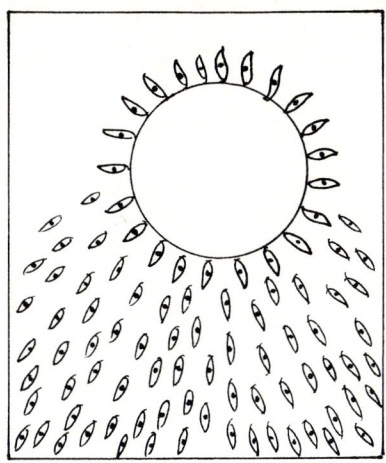 

3.2 Erarbeitungsphase

1. Teilziel: Inhaltliche Erschließung in Form einer Bildergeschichte[3]

Zunächst äußern sich die Schüler unter Zuhilfenahme von Bild 1 zur gestellten Frage.

Die Einzelbeiträge könnten gewertet werden unter dem Aspekt der realen Möglichkeiten, z.B. unter Hemden könnten die Schneeschichten, Eiskrusten, Schneedecken usw. gemeint sein. Der Lehrer sollte diese Phase sachlich nicht zu weit ausbreiten und baldmöglichst die Zusatzfrage „Hat er 1, 2, 3, 4, 5, 6, 7, oder hundert Hemden an?" einbringen. Aus dem sinngestalteten Vortrag und der Mimik des Lehrers sollten die Schüler erkennen, daß es letztlich gar nicht um die Beantwortung geht, sondern nur um einen Scherz oder eine hübsche Geschichte in Gedichtform.

Mit der Vorgabe von Bild 2 und dem Lehrerhinweis: „Ich könnte mir jemanden vorstellen!" wird die inhaltliche Erschließung weiter geführt. Schüler äußern sich zum Bild. Lehrer führt die Schüler zum Text:
„Sonne hat viel tausend Augen ..."

Bild 3 dient ebenfals als stummer Impuls. Der verbale Impuls des Lehrers „Da passiert etwas!" führt die inhaltliche Erarbeitung zum Abschluß.

Eine Wiederholung im Sinne einer Zusammenfassung stellt den Text des Gedichtes den Schülern vor. Soweit bis zu dieser Zeit schon gute Leser in der Klasse sind, könnte auch das Gedichtblatt eingesetzt werden.

2. Teilziel: Kurzes Eingehen auf die Form

Kurzes Eingehen, was die ganze Sache so lustig macht: Die Hemden des Schneemannes, erstes Begreifen des Reimes, eine kleine Geschichte als Gedicht, die wiederkehrende Zahlenfolge. Keine schriftliche Fixierung der Ergebnisse anstreben!

3. Teilziel: Erarbeiten der Klanggestalt und kurzes Eingehen auf den Sinn des Gedichtes

Der erlernte oder erlesene Text wird in Form einer „Moritat" vorgetragen. Mit dem Zeigestock wird auf die Bilder gedeutet und der Text dabei gesungen. Der vortragende Schüler könnte ja als „Bänkelsänger" verkleidet werden (Faschingszeit). Auf Mimik und Sprechgestaltung des Schülers achten!
Mit dem abschließenden Impuls (oder Frage): „Dem Dichter Hans Baumann ist etwas Schönes gelungen" könnten die Schüler auch zum Sinn eines solchen Gedichtes geführt werden; nämlich Freude bereiten.

4. Zur Weiterführung

Ausgestaltung des Gedichtblattes im Sinne der Kunsterziehung; Aufnahme von Schülervorträgen auf Tonband; Lernen eines Schneemannsliedes[4]: „Kommet all und seht ...".

---

3 Oswald Watzke (Hrsg.): Bildergeschichten und Comics in der Grundschule. Donauwörth [2]1982, S. 26 ff.
4 Richard Rudolf Klein: Willkommen lieber Tag, Bd. II. Frankfurt: Diesterweg [5]1974, S. 143.

Für den Winterabend

Wenn der Mondmann geht ums Haus,
weht der Schnee bald leiser,
nur die rote Feuermaus
huscht noch durch die Reiser.
Leiser, als die Spinne spinnt,
webt im Ofenloch der Wind
Träume schon für Vater,
Mutter, Kind und Kater.

Christine Busta

Christine Busta: „Für den Winterabend"

1. Zur Sachanalyse

Auf den ersten Blick scheint es eine totale Überforderung für den Schulanfänger zu sein, dieses Gedicht der österreichischen Lyrikerin Christine Busta[1] zu diesem Zeitpunkt behandeln zu wollen. Kann der Erstkläßler den Inhalt und Erlebnisgehalt erfassen? Versteht er die Personifizierungen „Mondmann",„rote Feuermaus, die durch die Reiser huscht"? Kennt er denn überhaupt noch ein „Ofenloch, in dem der Wind Träume webt"?

A.C. Baumgärtner[2] stellt dazu fest: Das Gedicht „vermittelt ein Gefühl der Geborgenheit: Draußen ist der Winter mit Schnee, Wind und Finsternis, aber im Haus ist Wärme und Licht". Diese Atmosphäre können Erstkläßler sicher nachempfinden. Weiter meint Baumgärtner, „daß das Kind hier etwas von den Grundzügen aller lyrischen Dichtung erfährt – Sprache, die sich durch Rhythmus und Klang wie durch ihre Bildhaftigkeit von der Sprache des alltäglichen Gebrauchs unterscheidet."[3] Erweist sich das Gedicht dennoch zu schwer, kann man mit Baumgärtner hoffen: „Manches, was sich dem Verständnis zunächst entzieht und in seiner Rätselhaftigkeit stehenbleibt, kann dazu anregen, das Gedicht später noch einmal zu lesen und es dann vielleicht besser zu verstehen."[4] Da das Gedicht inhaltliche und sprachliche Schwierigkeiten genug enthält, ist es nicht ratsam, zusätzlich noch das komplizierte Reimgefüge analysieren zu wollen.

2. Zur didaktischen Analyse

Bei dem Gedicht ergeben sich vor allem zwei Probleme:

1. Ist die Lesefertigkeit schon soweit gediehen, daß es dem Erstkläßler zugemutet werden kann?
2. Kann der Erlebnisgehalt so weit erschlossen werden, daß der Schulanfänger folgen kann?

Um die beiden Probleme zu mindern oder gar auszuräumen, werden die Kinder in einer sehr ausführlichen Hinführung und Einstimmung schrittweise an die Thematik herangeführt:

1. Schritt: Blick auf ein schneebedecktes Haus. Es ist Winterabend. Der Mond steht am Himmel (Tafelzeichnung). – Tafelanschrift: Haus, Schnee, Mond, Winterabend, Wind.
2. Schritt: Blick durch das Wohnzimmerfenster. – Tafelanschrift: Vater, Mutter, Kind, Kater, Feuer, Ofen.

Auf diese Weise können alle Ganzwörter, die dann im Gedicht vorkommen, schon einigermaßen gefestigt werden, ehe sie dann uns im Gedicht erneut begegnen. Damit neben der lesetechnischen Durchdringung auch der Inhalt und Erlebnisgehalt (1. Teilziel) in der Phase der Texterschließung erarbeitet werden kann, muß man mit entsprechendem sprachlichen Aufwand agieren. Der altbewährte Hinweis: „Schließt die Augen und stellt euch Bilder vor!" und das klärende Lehrerwort sind hier besonders notwendig und hilfreich. Das Ringen um eine angemessene Klanggestaltung (2. Teilziel) ist mit Sicherheit eine zusätzliche Maßnahme, um tiefer in das Gedicht eindringen zu können gemäß dem bewährten Satz von E. Drach[5]: „Die Erarbeitung des Vortrags ist die Durchnahme selbst."

Lernziele: Die Kinder sollen

1. den Inhalt und Erlebnisgehalt eindrucksvoll erfassen.
2. das Gefühl der Geborgenheit, die aus dem Gedicht ausstrahlt, nachempfinden,
3. das Gedicht in passender Weise ausdrucksvoll und klanggestaltend angemessen vortragen.

3. Zur Verlaufsplanung

3.1 Hinführung und Einstimmung

1. Stummer Implus: Ein mit Schnee bedecktes Haus! Es ist Winterabend, der Mond steht am Himmel. (Darstellung: Overhead oder an der Tafel!) Alternative: auf Gedichtblatt (Kopiervorlage).

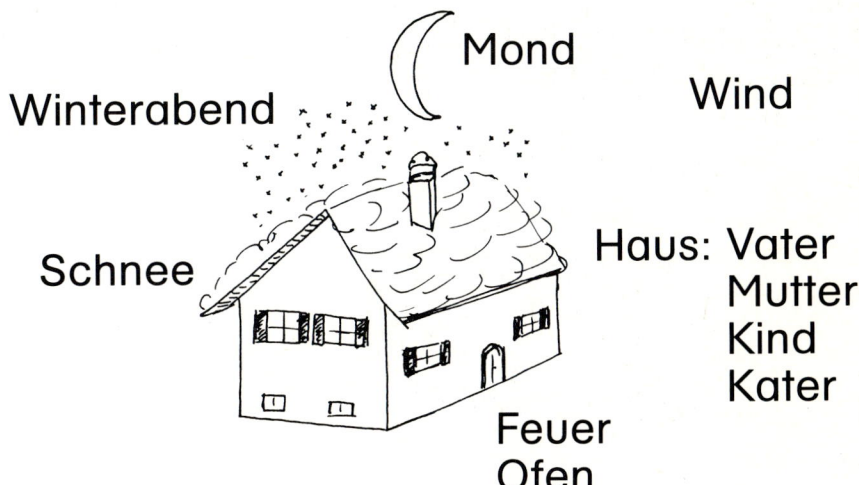

1 Christine Busta: Für den Winterabend. Aus: Die Sternenmühlen. Salzburg 1969.
2 A. C. Baumgärtner: Spielen und Lernen. Heft 3/1972,. S. 30.
3 Ders., a. a. O., S. 30.
4 Ders., a. a. O., S. 30.
5 Gert Kleinschmidt: Theorie und Praxis des Lesens. Frankfurt 1971, S. 123 (Zititatübernahme).

2. Die Kinder beschreiben das Bild. Dabei lenkt die Lehrkraft das Gespräch so, daß die im Gedicht vorkommenden Ausdrücke wie

„Haus,
Schnee,
Mond,
Winterabend,
Wind"

genannt werden, damit sie an die Tafel bzw. auf die Folie geschrieben werden. Die Ganzwörter läßt man lesen und durch mehrmaliges Lesen einprägen. Dann darf ein Kind (oder mehrere) das Bild mit den Ganzwörtern im Zusammenhang beschreiben.

3. Das Gespräch wird jetzt weitergeführt. Der Impuls könnte lauten: „Stellt euch vor: Wir könnten durch das Fenster in das Wohnzimmer schauen!" Nach zunächst spontaner Äußerung der Kinder lenkt man das Gespräch so, daß die für das Gedicht benötigten Begriffe:

„Vater,
Mutter,
Kind,
Kater"

gewonnen und angeschrieben werden können. Auch sie werden lesetechnisch durchdrungen, bevor dann ein Kind mit den gefundenen Wörtern zusammenfassen darf.

3. Das Gespräch muß jetzt so gelenkt werden, daß man die Ausdrücke: „Feuer", und „Ofen" gewinnt.
   Möglicher Impuls: „Im Wohnzimmer ist es nicht kalt!" Wieder Tafelanschrift, lesetechnische Bewältigung und Festigung.

5. Bevor man zum Gedicht überleitet, läßt man alle Ganzwörter an der Tafel lesen und mit Hilfe dieser Ausdrücke das Bild im Zusammenhang beschreiben.

6. Überleitung zum Gedicht: „Bisher haben wir uns vorgestellt, wir könnten durch das Fenster in das Wohnzimmer sehen. Ich habe eine kurze Geschichte für euch, in der jemand nachts, als alles im Haus schlief, im Haus war. Was der alles gehört, gesehen und erlebt hat, trage ich euch jetzt vor!"

3.2 Textbegegnung

1. Die Lehrkraft trägt das Gedicht auswendig eindrucksvoll vor.
2. Nach einer kurzen Pause dürfen die Kinder ihre Eindrücke schildern.
3. Sie erhalten den Auftrag, beim zweiten Vortrag durch die Lehrkraft noch einmal genau hinzuhören, sich Bilder vorzustellen, um diese dann beschreiben zu können (erst Partnergespräch, dann Berichte vor der Klasse).
4. Die Lehrkraft stellt nun das Gedicht vor (Tafelanschrift/OHP) und erliest es mit der Klasse, bis eine gewisse Lesefertigkeit erzielt worden ist. Ein guter Leser trägt noch einmal vor.

3.3 Texterschließung

1. Teilziel: Erschließen des Erlebnisgehaltes und der Sprachgestalt

Es wird jetzt besprochen und die jeweilige Stelle laut vorgetragen (dabei schon auf eine angemessene Klanggestalt achten: z. B. „leise lesen"...), was Christine Busta nachts im Haus, als alles schlief, erlebt hat (Der Schnee weht leiser, das Feuer brennt noch, der Wind weht noch) und wie sie sich dort so sicher gefühlt hat, weil es hier warm und hell ist. Die Personifizierungen des Mondes und Feuers („Mondmann", „rote Feuermaus") läßt man besonders eindrucksvoll nachempfinden („Schließt die Augen!" „Was seht ihr?"). Die schwierigen Ausdrücke („Reiser", „Ofenloch", „Träume weben") erklären und in ihrer Bedeutung bewußt machen („Wie würden wir sagen?")!

2. Teilziel: Erschließen der Klanggestalt

Wir versuchen, eine dem Gedicht angemessene Klanggestalt zu erarbeiten. Besonders wichtig ist dabei, in der Lautstärke und im Lesetempo zu variieren.

4. Zur Weiterführung

Die Kinder dürfen das Gedicht lernen und (oder) ein Bild dazu entwerfen.

Schneeglöckchen

Eisblumen im Winter
sind gar nicht schön.

Schneeglöckchen im Frühling
sind lieblicher anzusehn.

Im Vorgarten blühen sie
leinenweiß.

Wenn Schneeglöckchen läuten,
schmilzt das Eis.

Bruno Horst Bull

Bruno Horst Bull: „Schneeglöckchen"[1]

1. Zur Sachanalyse

Dieses naturlyrische Gedicht ist aus acht Versen aufgebaut, von denen je zwei eine Strophe bilden. Die Verbindung untereinander wird auch formal ausgedrückt dadurch, daß sich die letzten Verse einer Strophe jeweils reimen (schön – anzuseh'n, weiß – Eis). Lyrische Aussage und lyrisches Empfinden bleiben damit gewahrt, obwohl sich die übrigen Verse nicht reimen.

Mit diesem Aufbau malt der Dichter vier Bilder. Im ersten Bild, deckungsgleich mit der ersten Strophe, erinnert er an die Eisblumen am Fenster, die er gar nicht mehr schön findet, weil ihm der Winter schon zu lange dauert. Deshalb empfindet er die Schneeglöckchen, die den Frühling anzeigen, viel lieblicher. Das ist die Aussage des zweiten Bildes, in Sprache gefaßt in der zweiten Strophe. Im dritten Bild gibt er den Ort (Vorgarten) und das hervorstechendste äußere Merkmal, die leinenweiße Farbe, dieser Frühlingsboten an. Das vierte Bild enthält die Beschreibung der sich verändernden Natur. Schnee- und Eisschmelze sind Zeichen einer neuen Jahreszeit. Mit dem letzten Vers „schmilzt das Eis" ist die Verbindung zum ersten Vers „Eisblumen im Winter" hergestellt. Dichter und Leser empfinden Freude darüber, daß der Winter endgültig vergeht, ausgedrückt im sprachlichen Bild „schmilzt das Eis", und daß der Frühling ganz sicher kommt, „gemalt" mit den Signalwörtern „blühen" und „Schneeglöckchen läuten".

2. Zur didaktischen Analyse

Zweifelsohne spricht das Signalwort „Schneeglöckchen", das wir in einem Motivationsbild veranschaulichen, die Kinder sofort und stark an, nachdem sie den langen Winter allmählich satt haben und sich nach Frühlings- und Sommerspielen sehnen.

Die Kinder können die Beobachtungen des Wechsels der Jahreszeiten durch eigene Erlebnisse nachvollziehen. Sie können auch die Freude des Dichters über diesen Wandel nachempfinden. Dies könnte vorbereitet werden durch die reale Begegnung der Schüler mit dem Frühling auf einem Unterrichtsgang durch die erwachende Natur.

Während der nachfolgenden Textbegegnung und -erschließung sollen die Kinder ihre Beobachtungsergebnisse und Erlebnisse in das Unterrichtsgespräch einbringen. Sie sollen vor allem entdecken, daß der Dichter Inhalt und Stimmung in vier sprachlichen Bildern ausdrückt. Aus diesem Grunde werden Bilder vorgegeben, an denen die Kinder die Aussage des Gedichtes antizipieren und seinen Stimmungsgehalt nachempfinden können. So können sie, nachdem sie auch die den Bildern entsprechenden Verse kennengelernt und nachgesprochen haben, für das Klanglich-Rhythmische und Bildhafte der dichterischen Sprache, für das eigentlich Lyrische[2], sensibilisiert werden.

Jedes Kind sollte zusammenfassend in einem selbst zu malenden fünften Bild Aussage- und Stimmungsgehalt des naturlyrischen Gedichtes „Schneeglöckchen" ausdrücken können. Vielleicht könnte es auch zwei Verse „hinzudichten".

Lernziele: Die Schülerinnen und Schüler sollen

1. die Stimmung eines naturlyrischen Gedichtes nachempfinden,
2. die sprachlichen Bilder erkennen und damit das Bildhafte des Lyrischen erahnen,
3. Aussage- und Stimmungsgehalt des Gedichtes, ihre eigene Freude über den Frühling, in einem fünften Bild ausdrücken können,
4. das Gedicht sinn- und klanggestaltend, vielleicht auch auswendig, vortragen können.

3. Zur Verlaufsplanung[3]

3.1 Einstimmung

1. Freies Erzählen
   Wir erzählen von unserem Unterrichtsgang durch die erwachende Natur.
2. Betrachten des Motivationsbildes
   Die Kinder äußern sich frei zum nebenstehenden Bild (OHP-Folie).
3. Zielangabe
   Nun lese ich euch das Gedicht „Schneeglöckchen" vor.

Frühlingsbote

3.2 Textbegegnung und -erschließung

1. Betrachtung des 1. Bildes[4]

   Die Folie „Eisblumen am Fenster" wird im OHP gezeigt. Die Kinder sprechen sich frei aus. Darauf liest die Lehrkraft vor:

Eisblumen im Winter sind gar nicht schön.

Die Kinder sprechen nach, wobei auf die Betonung („Winter" fragend, „gar nicht" mißbilligend, „schön" abfällig) geachtet wird.

---

1 Bruno Horst Bull: Schneeglöckchen. © B. H. Bull.
2 Ivo Braak: Poetik in Stichpunkten. Kiel ³1969, vgl. S. 114.
3 Das nebenstehende Tafelbild wird nacheinander aufgedeckt (siehe S. 41!).
4 Alfons Schweiggert/Maria Winzer/Hermann Wirth: Deutschunterricht in der Praxis erprobt. Grundschule. Donauwörth 1978, vgl. S. 13–17.

2. Betrachtung des 2. Bildes

Verfahren wie oben. Impuls: Vielleicht könntet ihr erraten, welche Worte der Dichter zu diesem Bild gefunden hat. Vor- und Nachsprechen:

Schneeglöckchen im Frühling sind lieblicher anzuseh'n.

Betonung: „Frühling" hell, „lieblicher" strahlend.

3. Betrachtung des 3. Bildes

Verfahren wie oben! Dazu Klärung des Begriffes „leinenweiß", Betonung: „Vorgarten" gehoben, „leinenweiß" langsam, gedehnt.

Jm Vorgarten blühen sie leinenweiß.

4. Betrachtung des 4. Bildes

Verfahren wie oben! Betonung beim Vor- und Nachsprechen: „Schneeglöckchen" hell und freudig, „läuten" feierlich, „schmilzt" bestimmt, „das Eis" freudig abklingend.

Wenn Schneeglöckchen läuten, schmilzt das Eis.

Tafelbild: **Schneeglöckchen**

Bild 1: Eisblumen | Bild 2: Schneeglöckchen

Bild 3: Vorgarten | Bild 4: Eis schmilzt

Ich freue mich!

Bild 5: Es wird Frühling

3.3 Zusammenfassung

1. Klanggestalung
   Wir sprechen einzeln und im Chor das gesamte Gedicht vor und nach.
2. Gestaltung des 5. Bildes
   Gespräch über Inhalt und Stimmung des Gedichtes, Anregung: Wir könnten dies in einem 5. Bild ausdrücken. Stillarbeit: Jedes Kind versucht zu malen, was es beim Hören und Sprechen des Gedichtes empfindet. Vielleicht kann es auch einen oder zwei Verse dazu „dichten".
3. Betrachtung des 5. Bildes
   Mehrere (oder alle) Kinder stellen ihr 5. Bild vor. Die Mitschüler äußern sich frei.

4. Zur Weiterführung

Ausmalen des Gedichtblattes (Kopiervorlage); Begleitung des Sprechens mit Instrumenten des Orffschen Schulwerks wie z. B.:
1. Strophe mit Holzschläger, 2. Strophe mit Flöten, 3. Strophe mit Glockenspiel, 4. Strophe mit Metallophon und 5. Strophe mit allen Instrumenten gemeinsam begleiten.

Scheine, Sonne, scheine ....

Scheine, Sonne, scheine,
scheine im April,
weil das kleine Apfelbäumchen
blühen will!

Scheine, Sonne, scheine,
scheine doch bald,
denn dem kleinen Lamm im Garten
ist so kalt!

Scheine, Sonne, scheine,
schenke uns dein Licht,
denn die bunte Primelwiese
blüht sonst nicht!

Scheine, Sonne, scheine,
scheine auch auf mich!
Will dann auch den Tschardasch tanzen –
nur für dich!

Nach einem ungarischen Volkslied
von James Krüss

James Krüss: „Scheine, Sonne, scheine . . .“

1. Zur Sachanalyse

Der Dichter greift auf ein altes ungarisches Volkslied zurück und überträgt den Inhalt in die deutsche Sprache[1]. Es geht um ein ungarisches Mädchen, das mit dem launischen April, der das Land noch mit kalten Regen-, Hagel- und Schneeschauern überschüttet, nicht zufrieden ist. Es spürt nicht nur selbst diese Unwirtlichkeit des Aprilwetters, sondern fühlt auch, wie Pflanzen und Tiere darunter leiden. So bittet, ja beschwört sie die Sonne, sie möge scheinen und ihr Licht und ihre Wärme verbreiten, damit das junge, neue Leben gedeihen kann. Dafür will sie dann auch dankbar sein und einen Tschardasch tanzen. Tiefes Naturempfinden und altes Brauchtum zeigen sich in dieser Naturverbundenheit. James Krüss vermag dies mit lyrischen Gestaltungsmitteln zu kodieren.[2] Das innige, beschwörende Anliegen des kleinen Mädchens drückt er mit Hilfe von Kettenreimen[3] aus, in denen die Stabreime die Eindringlichkeit herausstellen: „Scheine, Sonne, scheine, scheine . . .“ oder „scheine bitte bald“. Für die volksliedhafte Form sprechen auch die Vierzeiligkeit, die Reimform abcb, der Wechsel zwischen klingendem und stumpfem Endreim, die innige, fröhliche und optimistische Klangstimmung der verwendeten Vokale und der zweitaktige, fallende Rhythmus (Trochäus), aus dem der Tschardaschtakt herausgehört werden kann. Hier ist Sprache in Bewegung umgesetzt.

2. Zur didaktischen Analyse

Der jahreszeitlich geprägte Charakter des naturlyrischen Gedichtes spricht die Schüler in dieser Jahrgangsstufe besonders an. Wenn auch vielen Schülern in der heutigen Zeit der unmittelbare Erfahrungshintergrund fehlt, dürfte den Schülern weder der Inhalt noch die semantische und syntaktische Kodierung Schwierigkeiten bereiten. Neben ersten Versuchen einer selbständigen inhaltlichen Erschließung mit zeichnerischer Darstellung geht es auch um die Übung und Pflege des artikulierenden und rhythmischen Sprechens, um Weckung und Steigerung der Lesefreude, um eine Aktivierung der gestaltenden Phantasie, um ein naives Erfassen von lyrischen Elementen[4] und um einen Versuch, bei den Schülern eine friedliche Gesinnung im Geiste einer Völkerverständigung zu wecken.[5] Aus der Erfahrung, daß Kinder in anderen Ländern die gleichen Gefühle gegenüber der Natur zeigen, daß sie sich auch am Leben freuen und diese Freude sichtbar zum Ausdruck bringen, kann ein erster Beitrag zum gegenseitigen Verstehen und zur Toleranz geleistet werden. Es sollte nicht verkannt werden, daß sich gerade über die Lyrik, insbesondere über Lieder, ein Zugang zur Seele eines Volkes erschließen läßt.[6]

Lernziele: Die Kinder sollen

1. den Inhalt selbständig erschließen und zeichnerisch im Arbeitsblatt darstellen,
2. erkennen, daß Kinder in anderen Ländern gleiche Verhaltensweisen gegenüber der Natur zeigen,
3. das Gedicht sinngestaltend vorlesen (vortragen) können,
4. gefühlsmäßig die intentionale Komponente im Kettenreim erfassen,
5. den inneliegenden Rhythmus in Bewegung umsetzen können,
6. einen ersten Impuls zu gegenseitigem Völkerverständnis erfahren.

3. Zur Verlaufsplanung

3.1 Hinführung

Ein Bild mit einem ungarischen Mädchen, mit dem Overhead vorgegeben, dient als optischer Impuls, um die Schüler für das Gedicht einzustimmen. Die Schüler sollen sich spontan äußern. Eigenes Wissen um Ungarn soll eingebracht, geklärt und eventuell ergänzt werden. Auf den Tschardasch sollte kurz eingegangen werden.
Anschließend kommt zum optischen Impuls eine Sprechblase mit dem jeweiligen Zeilenanfang: „Scheine, Sonne, scheine . . .“
Im Rahmen eines kleinen Kreisgespräches sollen die Schüler antizipierende Vermutungen zusammentragen.
Zielangabe: Warum die Sonne scheinen soll, können wir in einem Gedicht nachlesen.

---

1 James Krüss: Scheine, Sonne, scheine. © James Krüss.
2 Martin Behrend/Karl Foldenauer: Werkbuch Lyrik. Braunschweig 1979, S. 15 ff.
3 Oswald Watzke: Umgang mit Texten in der Primarstufe, München ³1979, S. 83.
4 Neufassung des Lehrplans für die Grundschule vom 9. August 1976, Amtsblatt des Bayer. Staatsministeriums für Unterricht und Kultus, Sondernummer 12, Jahrgang 1976, S. 299 ff.
5 ASchO Paragraph 3, Absatz 1 und Bayerische Verfassung, vgl. Artikel 131, Absatz 3.
6 Katalin Forrai: Europäische Kinderlieder, Mainz: B. Schott's Söhne, o. J.

| Name: _____ Kl.:___ am:_____

Scheine, Sonne, scheine ...

Ein kleines Mädchen   bittet für:

①. _____   ②. _____

③. _____   ④. _____

Zum Dank will es etwas tanzen.

3.2 Phase der Textbegegnung

Die leistungsstärkeren Schüler lesen den Text selbständig, die schwächeren Schüler erlesen ihn unter Anleitung des Lehrers. Nach dem stillen Erlesen wird der Arbeitsauftrag gestellt. Die Schüler sollen in das bereitliegende Arbeitsblatt die Dinge einzeichnen, für die das Mädchen bittet (Schülerarbeitsheft). Der Lehrer gibt Hilfen im Sinne einer individuellen Betreuung.

3.3 Phase der Texterschließung

1. Teilziel: Erschließung des Inhalts

Die Arbeitsergebnisse der Stillarbeit werden eingebracht und eventuell durch vorbereitete Tafelbilder an der Tafel gesichert. Die Schüler sollen die Ergebnisse versprachlichen. Das Mädchen bittet die Sonne für das Apfelbäumchen, das kleine Lamm, die Primelwiese und für sich selbst. Eventueller Eintrag im Arbeitsblatt (siehe 1. 2. 3. 4.).

2. Teilziel: Erschließung des Gehalts

In einem Unterrichtsgespräch sollen die Schüler erfahren, daß das kleine ungarische Mädchen diese Dinge liebt und um die Bedrohung durch das Aprilwetter weiß. Es sieht die Sonne als helfende Macht an. Wenn der Wunsch in Erfüllung geht, will es sich dankbar zeigen. Aus dem Mitgefühl kann ein Völkerverständnis wachsen. Die gleiche Einstellung könnte durch Beispiele deutschen Liedgutes belegt werden, z. B. „Lieber Frühling, kommt doch wieder" oder „Kuckuck, ruft's aus dem Wald" usw.

3. Teilziel: Erschließen der Sprachgestalt

In einem geführten Unterrichtsgespräch wird auf die Kodierung der Bitte besonders eingegangen. Vor- und Nachsprechen, Vorlesen und Vortragen können gefühlsmäßig ein naives Erfassen lyrischer Elemente ermöglichen.
Mit einer Gesamtzusammenfassung der erreichten Ergebnisse könnte die Stunde schließen.

4. Zur Weiterführung

In einer weiteren Gedichtstunde oder auch in Musik- und Bewegungserziehung (Fachintegration) könnte der inneliegende Rhythmus in einen Tschardasch umgesetzt werden.

Folgenden Tanzschritte wären zu beachten: Die Schüler stellen sich zunächst in einem Kreis auf und lassen die Arme hängen. Wir beginnen mit den Seitschritten nach rechts. Rechtes Bein nach rechts ausgestellt (Ausstellschritt), linkes Bein nachgestellt. Dies dreimal. Dann nach links zurück zur Ausgangsstellung. Nun drehen sich die Schüler an der Stelle um die eigene Achse. Nun beginnt die zweite Strophe.
Scheine, Sonne, scheine,
scheine im April
weil das kleine . . .

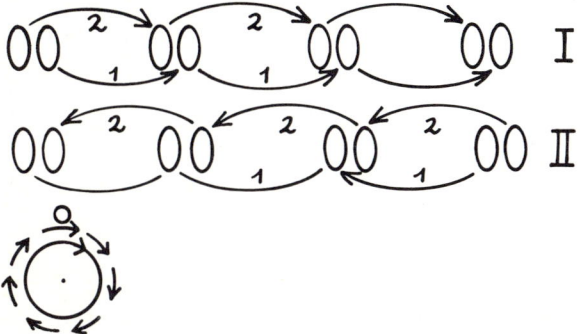

Je nach Vermögen kann die Bewegung im Sinne des Tschardasch ausgebaut werden (Fassen an der Schulter, Laufen im Kreis, Steigerung des Tempos usw.).

Schon seit Tagen.....

Schon seit Tagen
zählt der Igel
seine Stacheln
auf dem Hügel.

Zählen jedoch,
weiowei,
kann der Arme
nur bis drei.

Kommt deshalb zu
keinem Ziele,
zählt nur immer:
eins, zwei, drei und viele.

Alfred Können

Alfred Können: „Schon seit Tagen . . .“

1. Zur Sachanalyse

Hermann Helmers[1] meint: „Das Kindergedicht mit seinen Erscheinungsformen Naturlyrik, Geschehnislyrik und lyrischem Humor bildet die Brücke zwischen Kinderreim und Lyrik im engeren Sinne." So gesehen zeigen Inhalt und Aufbau des vorliegenden Gedichtes[2] typische Merkmale eines Kindergedichtes, bei dem der Humor das Wichtigste ist. Im Mittelpunkt der Handlung steht ein Igel, der nach seinem langen Winterschlaf seine Stacheln zu zählen versucht. Sein Zählvermögen ist durch seine ungenügende Zahlkenntnis sehr gering. Es stehen ihm nur vier Zahlwörter zur Verfügung, nämlich eins, zwei, drei und viele. So bleibt sein tagelanges Bemühen, seine vielen Stacheln zu zählen, vergeblich.
Alfred Können faßt diese kleine humorvolle Tiergeschichte in drei Reimpaaren zusammen. Aus dem Wissen um die Schwierigkeiten der lesetechnischen Bewältigung bei den Schulanfängern und auch aus Gründen der Übersichtlichkeit wird die Lesespanne durch eine jeweilige Halbierung einer Zeile relativ kurz gehalten (Zeilensprung). Das Klangelement „weiowei" mit sinnhaften Silben und die Reihung der Zahlwörter in der letzten Zeile drücken die enge Verwandschaft zum Kinderreim aus. Der Rhythmus ist fallend. Finden wir im ersten Reimpaar einen reinen vierfüßigen, so zeigt das zweite Reimpaar einen katalektischen (unvollständigen) vierfüßigen Trochäus. Das dritte Reimpaar setzt sich aus einem vierfüßigen und einem fünffüßigen Versmaß zusammen.

2. Zur didaktischen Analyse

Der Handlungsträger „Igel" mit seinen vermenschlichten Zügen, vor allem aber sein vergebliches Unterfangen, die vielen Stacheln zu zählen, bieten eine emotionale Ausgangssituation, um die Schüler für das Gedicht zu motivieren. Hinzu kommt dann noch das Überlegenheitsgefühl der Kinder gegenüber dem Igel, denn sie beherrschen ja schon einen größeren Zahlenraum. Aus der Erkenntnis, daß der Igel tatsächlich sehr viele Stacheln besitzt, daß auch die von den Schülern beherrschten Zahlbegriffe nicht ausreichen, könnte diese Einschätzung etwas korrigiert werden. Eine kurze Situationsanalyse, die auf das Ende des Winterschlafes eingeht und das Bedürfnis des Igels nach Körperpflege aufzeigt, bringt eine Erweiterung des Blickfeldes. Längeres Verweilen im Fabulativen ermöglicht eine Aktivierung der gestaltenden Phantasie. Mit Hilfe der Schreibgestaltung, in der das Gedicht in die Reimpaare umgeschrieben wird, z. B. „Schon seit Tagen zählt der Igel seine Stacheln auf dem Hügel."
könnte aufgezeigt werden, daß es aus drei Reimpaaren besteht, die nur der Lesbarkeit wegen anders angeordnet worden sind. Ein abschließender Realitätsbezug stellt die Absicht des Dichters heraus: Er will uns mit diesem kleinen Scherzgedicht Freude bereiten, die wir bei einer Aneignung des Gedichtes (z. B. Auswendiglernen), an unsere Mitmenschen weitergeben können.

Lernziele: Die Kinder sollen

1. den Inhalt des Gedichtes erfassen,
2. das Gedicht sinngestaltend vortragen können,
3. das Gedicht in Schreibschrift gestalten,
4. erkennen, daß das Gedicht aus drei Reimpaaren besteht,
5. den Begriff „Reimpaar" in den aktiven Wortschaftz aufnehmen,
6. erkennen, daß der Dichter uns Freude bereiten will.

3. Zur Verlaufsplanung

3.1 Motivationsphase

Der Lehrer gibt Abb. 1 zunächst als stummen Impuls vor. Die Sprechblase wird gelesen. Die Schüler sollen vermuten, wer sich hinter dem Baum auf dem Hügel versteckt haben könnte. Auch die äußeren Gegebenheiten sollten dabei verbalisiert werden (Schneeglöckchen, Knospen am Baum). Nach einer angemessenen Zahl von Lösungsvorschlägen wird Abb. 2 als weiterführender Impuls eingesetzt. Im Sinne einer Antizipation sollte der Inhalt des Gedichtes entsprechend aufbereitet werden. Dabei kann auf das Ende des Winterschlafes, das Bedürfnis der Körperpflege und das ungenügende Zählvermögen des Igels eingegangen werden. Beim Versprachlichen sollte dem Fabulieren Zeit gewährt werden. Eine kurze Zusammenfassung schließt die Motivationsphase ab und führt zur Zielangabe hin: Zu den beiden Bildern habe ich euch eine kleine Geschichte mitgebracht.

---

1 Hermann Helmers: Didaktik der deutschen Sprache. Stuttgart 6[1971], S. 326.
2 Quelle: Alfred Können: Wer wie was wo in Wald und Feld. Bad Gaisern: Verlag Neugebauer Press 1972.

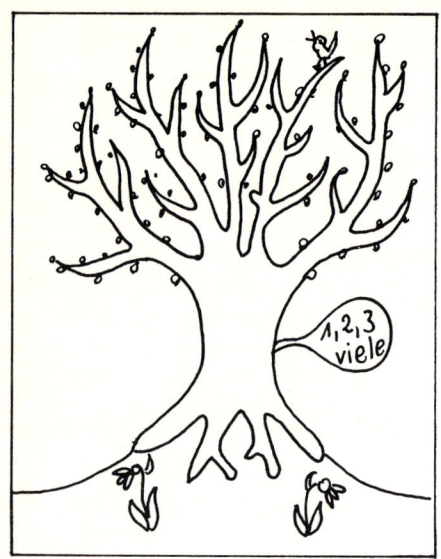 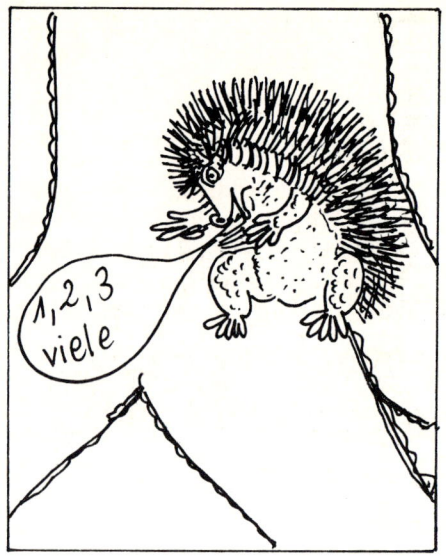

3.2 Phase der Textbegegnung

Das Gedichtblatt wird ausgeteilt. Die Schüler erlesen still den Text. Der Lehrer leistet differenzierte Hilfestellung. Im Anschluß daran können sich die Schüler über empfundene Auffälligkeiten spontan äußern. Der in der Motivationsphase erarbeitete Inhalt wird kurz rekapituliert. Die Textsorte „Gedicht" wird von den Schülern erkannt werden.

3.3 Phase der Texterschließung

1. Teilziel: Erarbeiten der Klangstruktur.

Vorsprechen und Vorlesen des Lehrers, einzelne Schülerbeiträge, vereinzelt auch Chorsprechen bei ganz bestimmten Stellen sollten die Klanggestalt erschließen. Erste Versleseversuche sollten sich anschließen.

2. Teilziel: Erstes Angehen gattungsspezifischer Begriffe.

Ausgehend von der Klanggestalt, insbesondere vom Endreim, könnten gefühlsmäßig die Reimpaare bewußt gemacht werden. Schreibgestaltung vollzieht die optische Umformung. Damit wird auch ein Wechsel der Arbeitsform berücksichtigt. Schneller arbeitende Schüler können das selbstgestaltete Gedichtblatt zeichnerisch ausgestalten. Farbiges Kennzeichnen des Endreims und aktustisches Herausstellen führen zum Begriff „Reimpaar" (analog anderer gegenständlicher Paare). In der Formulierung der Erkenntnis „Unser Gedicht besteht aus drei Reimpaaren" könnte der Begriff „Reimpaar" in den aktiven Sprachschatz gehoben werden.

3. Teilziel: Erschließen der gehaltlichen Seite

Durch einen Rückgriff auf die Ausgangssituation mit einer stärkeren sachlichen Erhellung kann aufgezeigt werden, daß unser Gedicht ein Scherzgedicht ist, mit dem der Dichter uns Freude bereiten will, die wir bei entsprechender Aneignung des Gedichtes an unsere Mitmenschen weitergeben können.

Reproduktionsphase

Impuls: Der Dichter will uns mit diesem Gedicht Freude bereiten. Will uns fröhlich machen. Wir wollen es bei unseren Vorträgen auch versuchen. Gestaltungsversuche der Kinder.

4. Zur Weiterführung

Zeichnerisches Ausgestalten des Gedichtblattes und des selbstgestalteten Blattes. Suchen anderer Scherzgedichte, z. B. Werner Halle: „Gemüseball" oder „Lied der Schweinemama"; Zbigniew Lengren: „Grau und rot"; Josef Guggenmos: „Die Amsel im Fliederbusch".

Dri Chinisin

Drei Chinesen mit dem Kontrabaß
saßen auf der Straße und erzählten sich was,
da kam die Polizei:
„Ja was ist denn das?"
„Drei Chinesen mit dem Kontrabaß!"

Ihr könnt dieses Lied verändern:

Dri Chinisin mit dim Kintribiß
sißin if dir Strißi ind irzihltin sich wis,
di kim di Pilizi:
. . . .
Dro Chonoson mot dom Kontroboß
. . . .
Dru . . .

Verfasser unbekannt

Unbekannt: „Dri Chinisin . . .“

1. Zur Sachanalyse

Dieses fremdländisch klingende Scherzlied entstammt der volkstümlichen Kinderlyrik.[1] Es besteht aus einem Fünfzeiler, um dessen mittleren Vers „da kam die Polizei“ sich je ein Reimpaar (mit ungleichem Versmaß) gebildet hat. Der erste und letzte Vers „Drei Chinesen mit dem Kontrabaß“ schließen den Kreisel. Auf diese Weise wird eine scherzhafte Antwort auf die strenge Frage der Polizei gegeben, die damit verulkt wird.

Dieser ulkig-sinnlose Inhalt ist an und für sich nebensächlich. Er liefert nur das Material für das Sprachspiel, dessen Regel der Ersatz aller Vokale durch ein und denselben Vokal ist. Dieser Austausch der Vokale im Normaltext durch die hell klingenden Vokale, i, e, und ei bewirkt, daß das Lied chinesisch oder japanisch empfunden wird. Die dunklen Vokale o, u, a und au könnten afrikanisch klingen. Der Reiz dieser Variationen mit Vokalen könnte sicherlich erhöht werden, wenn auch die Umlaute ä, ö und ü eingesetzt werden.

2. Zur didaktischen Analyse

Kinder der Vor- und Grundschule haben erfahrungsgemäß riesigen Spaß an diesen Scherzliedchen, die sie in Geheim- oder „Fremdsprachen“ verwandeln können.

Die Sprechgestaltung und das Singen, womöglich begleitet von einigen Instrumenten des Orff'schen Schulwerks, sind die text- und kindgemäßen Umgangsweisen in dieser Gedicht- und Liedstunde.

Für die Erstkläßler bietet sich zudem die günstige Gelegenheit, einmal die Buchstabenkenntnis zu festigen, zum andern die Erkenntnis zu gewinnen, daß die Phonemvokale für den Klang eines Wortes verantwortlich sind. Um diesen Vokalersatz (Ersatzprobe) zu veranschaulichen, schlagen wir als weitere Methode des Textumgangs die Montagetechnik vor. Die Schüler erhalten Papierstreifen mit einer Zeile i, einer Zeile e, einer Zeile o usw. und schneiden den jeweiligen Vokal aus, den sie in die entsprechende Stelle des Normaltextes einkleben.

Die Partnergruppen können sich jeweils ihren eigenen Vokal aussuchen und damit ihre „Fremdsprache“ bilden, die sie einstudieren und der Klasse vortragen. Den Abschluß der Stunde könnte dann das gleichzeitige Singen aller montierten Variationen darstellen. Auf diese Weise könnte zur „Gaudi aller“ das Stimmengewirr wie beim Turmbau zu Babel gestaltet und erlebt werden.

Lernziele: Die Kinder sollen

1. Spaß und Freude am Sprechen und Singen des Scherzliedes und seiner Variationen haben,
2. den Normaltext klanglich durch die Ersatzprobe verändern können,
3. feststellen, daß der Vokalersatz den Normaltext verfremdet,
4. andere lustige Texte durch Vokalersatz verändern können.

3. Zur Verlaufsplanung[2]

3.1 Motivationsphase

Motivationsbild:
Die Kinder beschreiben das Bild und erkennen, daß es sich um Chinesen handelt. Impuls: Wie sprechen sie wohl? Wollt ihr heute einmal „chinesisch“ lernen?

3.2 Rezeptionsphase

1. Teilziel: Darbietung

Die Lehrkraft spielt das Tonband „Dri Chinisin . . .“ (Gitarrenbegleitung) ab. Die Kinder sprechen sich frei aus.

---

1 Unbekannt: Dri Chinisin. Text und Melodie sind mündlich überliefert.
2 Oswald Watzke: Umgang mit Texten in der Primarstufe. München ³1979, vgl. S. 82–95.

2. Teilziel: Vergleich mit dem Originaltext

Damit die Kinder entdecken, wie das „chinesische Lied" entstanden ist, deckt die Lehrkraft nun die Seitentafel (Notentafel) mit dem Normaltext auf[3]:

Die Kinder entdecken beim Lesen des Normaltextes und beim gleichzeitigen Anhören des Tonbandes, daß jeder Vokal durch ein „i" ersetzt wurde. Diese Spielregel wird formuliert und an der Tafel festgehalten: Wir setzen „i" ein.

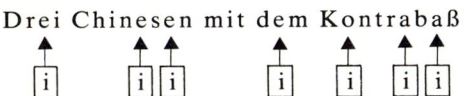

3. Teilziel: Sprech- und Singgestaltung

Die Kinder sprechen und singen abwechselnd den Normal- und den „i"-Text.

3.3 Produktionsphase

1. Teilziel: Erarbeitung des „o"-Textes

Gemeinsam wird an der Tafel die Variation mit „o" erarbeitet. Aus dem Normaltext wird von den Kindern (einzeln, nacheinander) ein Vokal ausgewischt und ein „o" eingeschrieben. Abschließend wird dieser „o"-Text gelesen und gesungen.

2. Teilziel: Erarbeitung weiterer Variationen

Je zwei Partner wählen sich einen „Lieblingsvokal", schneiden ihn aus (Buchstabenzeile) und kleben ihn in den Normaltext (Arbeitsblatt oder Gedichtblatt) ein, z. B.:

3. Teilziel: Vortrag der Variationen

Nach der Beendigung dieser Montage der „Fremdsprachen" üben die Partner bzw. Gruppen ihre Variation ein und tragen (sprechen oder singen) sie vor. Als Ausklang können alle „Fremdsprachen" gleichzeitig („Stimmengewirr zu Babel") zu Gehör gebracht werden.

4. Zur Weiterführung

Tonbandaufnahme der verschiedenen Variationen, des Stimmengewirrs; Ausmalen des Gedichtblattes und Montage des „Lieblingsvokals"; Verändern eines Faschingsliedes mit Hilfe der gelernten Montagetechnik.

---

3 Quelle: Lieder, Songs und Gospels mit Gitarren-Anleitung, hrsg. von Gerhard Buchner. München: Franz Schneider Verlag 1978, S. 71. (Dort: „Drei Japanesen . . .". Text und Melodie auf „Dri Chinisin . . ." geändert.)

Wer ist dort?

Klingelingeling, wer kennt den Ton?
Ach, das ist das Telefon:
„Hier ist Peter, wer ist dort?
Mein Papa ist leider fort;
doch heut mittag um halb vier
ist mein Vati wieder hier.
Bitteschön, Herr Klingelmann,
rufen Sie doch wieder an!"

Werner Halle

Werner Halle: „Wer ist dort?"

1. Zur Sachanalyse

Der Inhalt des Gedichtes entstammt dem unmittelbaren Erfahrungsbereich der Kinder, denn in vielen Familien findet man heutzutage schon ein Telefon vor. *W. Halle*[1] stellt uns in seinem erzählenden Kindergedicht, einem Achtzeiler, den Peter vor, mit dem sich die Schulanfänger sicherlich gerne identifizieren: Peter telefoniert nämlich „wie ein Alter" und beherrscht die Situation völlig. Er stellt sich mit seinem Namen vor und verfährt nicht wie viele Erwachsene, die sich mit „Ja?" oder „Hallo!" am Telefon melden. Dazu liefert er prompt die erforderliche Auskunft und beendet das Gespräch wie ein Routinier mit:

> „Bitteschön, Herr Klingelmann,
> rufen Sie doch wieder an!"

Wieso sagt Peter eigentlich „Herr Klingelmann?" Vermutlich deshalb, weil sich sein Partner, wie oben erwähnt, nicht vorgestellt hat. Peter erfindet deshalb, pfiffig wie er ist, schnell einen passenden Namen und tituliert seinen Gesprächspartner mit „Herr Klingelmann". Peter steht klar über der Sache. Dies begeistert die Kinder, stärkt ihr Selbstvertrauen und schafft Mut, es ihm gleich zu tun, ihm, der – es ist fast nicht zu glauben – seine Worte in drei sich reimende Verspaare setzt. So ein Teufelskerl!

2. Zur didaktischen Analyse

Nachdem sich unschwer ableiten läßt, daß das Gedicht voll auf das Interesse der Kinder trifft, ist die beste Voraussetzung dafür gegeben, das vorbildhafte Verhalten Peters beim Telefonieren näher zu betrachten und modellhaft herauszuarbeiten, wie man sich verhält, wenn das Telefon läutet (s. 1. Teilziel!). Somit kann anhand des Gedichtes nebenbei ein Beitrag im Sinne der Lebenshilfe geleistet werden. Soviel zur erzieherischen Wirkung des Gedichtes.
Um in sprachlicher Hinsicht die Klanggestalt dieses Gedichtes voll zur Entfaltung zu bringen, sollte erst gemäß den Aussagen des amtlichen Lehrplans der Inhalt gründlich erfaßt werden: „In der Grundschule richtet das Kind sein Leseinteresse zunächst vornehmlich auf die Inhalte."[2] Grundlage dafür ist eine intensive Textbegegnung. Folglich trägt die Lehrkraft das Gedicht am besten zweimal auswendig vor, läßt dann die Schüler selbständig erlesen, bevor man es noch einmal vorträgt. Daß man hier das Verfahren der spezifischen Leseleistung seiner Klasse anpaßt[3], also differenziert, versteht sich von selbst. Auf dieser Basis läßt sich dann ein angemessener klanggestaltender Vortrag erarbeiten (vgl. 2. Teilziel), der den Höhepunkt der Stunde darstellen könnte; denn ein guter Vortrag stellt sich nicht von alleine ein. „Sinngerechtes Vorlesen ist die schwierigste Form des Lesens. Der Schüler muß hierbei den Sinn erfassen und so wiedergeben, daß ihn der Zuhörer verstehen kann."[4]

Lernziele: Die Kinder sollen

1. den Inhalt des Gedichtes gründlich kennenlernen,
2. das Verhalten Peters beim Telefonieren als modellhaft erkennen und nach Möglichkeit nachvollziehen,
3. das Gedicht klanggestaltend angemessen vortragen können.

3. Zur Verlaufsplanung

3.1 Hinführung

1. Die Lehrkraft konfrontiert die Kinder mit dem Klingelgeräusch eines Telefons (Tonband oder Spielzeugtelefon).
2. Nachdem das Geräusch erkannt worden ist, berichten die Kinder, wie sie reagieren, wenn das Telefon klingelt.
3. Die Lehrkraft erarbeitet im Rückgriff auf die Schülerberichte, wie man sich verhält, wenn das Telefon läutet (Tafelanschrift):

> Ich nehme den Hörer ab.
> Ich nenne meinen Namen.
> Ich gebe höflich Auskunft.
> Ich lege den Hörer wieder auf.

4. Dieser Vorgang wird nach erfolgter Tafelanschrift evtl. an einem Spielzeugtelefon konkret, sonst pantomimisch und szenisch, nachvollzogen. Dabei sollte man bewußt den Fehler ansprechen, den viele Erwachsene praktizieren, wenn sie sich mit „Hallo?" oder „Ja?" melden.
5. Um die Kinder für die folgende Textbegegnung zu motivieren, könnte man überleiten: „Bei Peter hat das Telefon auch geklingelt. Wie er sich verhalten hat, das trage ich euch jetzt vor!"

---

1 Werner Halle: Wer ist dort? Aus: Halle, Janosch, Schüttler-Janikulla, Bilder und Gedichte für Kinder. Braunschweig 1974.
2 Kitzinger, Kopp, Selzle: Lehrplan für die Grundschule in Bayern mit Erläuterungen und Handreichungen. Donauwörth 1978, S. 129.
3 Paul Brunnhuber: Prinzipien effektiver Unterrichtsgestaltung. Donauwörth 1971, S. 51.
4 Kitzinger, Kopp, Selzle, a. a. O. S. 130.

3.2 Textbegegnung

1. Die Lehrkraft trägt das Gedicht zweimal auswendig vor. Nach einer kurzen Aussprache wird der Text den Kindern vorgestellt. Die besseren Leser erlesen selbständig, während man den schwächeren Lesern den Text vorträgt.
2. Die Lehrkraft bzw. ein guter Leser trägt das Gedicht noch einmal laut vor.

3.3 Texterschließung

1. Teilziel: Erschließen des Gehalts

Unter Einbezug der Schülerbeiträge wird nun das Verhalten von Peter analysiert. Dabei kann vorbildhaftes Verhalten attestiert werden:

1. Peter weiß, wie man telefoniert. Er nennt seinen Namen „Hier ist Peter" und beendet das Gespräch mit „Bitteschön, Herr Klingelmann, rufen Sie doch wieder an!" (Daß man die jeweils angesprochene Passage auch in angemessener Klanggestaltung laut lesen läßt, sollte auf keinen Fall vergessen werden!)
2. Der Partner von Peter scheint nicht so richtig Bescheid zu wissen. Er bedankt sich zwar allem Anschein nach für das Gespräch, weil Peter mit „Bitteschön" antwortet, stellt sich aber nicht vor. Sonst würde Peter ihn nicht mit „Herr Klingelmann" anreden.

2. Teilziel: Erschließen der Klanggestalt

Hinweise zu einem angemessenen Vortrag:

1. Schwierige Begriffe auf Wortkarten schreiben und trainieren!
2. Beim ausdrucksgestaltenden Vortrag ist besonderer Wert auf die entsprechende Klanggestaltung bei den Fragen (Fragezeichen farbig nachfahren lassen bzw. Satzbogen anbieten!), die Auskunft Peters (Erzählsatz!), den abschließenden Hinweis (Befehlssatz!) und die angemessene Betonung vor allem bei „Klingelingeling", „Ach" und „Bitteschön" zu legen.
3. Es bietet sich bei diesem Gedicht das Rollenlesen an, da erst der Erzähler, dann Peter spricht. Es dürfte folglich keine Schwierigkeiten geben, wenn doch, sollte mit Farben gearbeitet werden.

3. Teilziel: Analyse der Form (Reim)

Es kann, falls man es zu diesem Zeitpunkt schon für notwendig erachtet, auf die Bedeutung des Reimes eingegangen werden. Mit dem Impuls: „Wie Peter gesprochen hat, schaffen wir nicht so ohne weiteres" (o. ä.) könnte das Gespräch eröffnet und erarbeitet werden, daß sich ein Gedicht, das sich reimt, besonders schön anhört und gut vortragen läßt.

4. Zur Weiterführung

Die Kinder dürfen sich miteinander mögliche Telefongespräche ausdenken und diese vor der Klasse vorführen (Querverbindung zum mündlichen Sprachgebrauch). Um dies zu erleichtern, sollte man inhaltlich passende Situationen vorgeben wie z. B. „Kindergeburtstag" oder „Eine interessante Kindersendung im Fernsehen".

Mein Ball

Mein Ball
zeigt, was er kann,
hüpft
hoch wie ein Mann,
dann
hoch wie eine Kuh,
dann
hoch wie ein Kalb,
dann
hoch wie eine Maus,
dann
hoch wie eine Laus,
dann
ruht er sich aus.

Josef Guggenmos

Josef Guggenmos: „Mein Ball"

1. Zur Sachanalyse

B. Brecht sagt einmal sinngemäß, das moderne Gedicht verlange den Druck aufs Papier. Das vorliegende Gedicht von J. Guggenmos[1] ist ein passendes Beispiel für die Aussage und dokumentiert recht eindrucksvoll und anschaulich die Intention des Dichters, die durch das „Druckbild"[2] wirkungsvoll verdeutlicht wird: „Mein Ball zeigt, was er kann". Durch die fünf Vergleiche wird der Vorgang des Hochprellens eines Gummiballes kindgemäß veranschaulicht. Der Ball hüpft erst „hoch wie ein Mann, dann hoch wie eine Kuh, dann hoch wie ein Kalb, dann hoch wie eine Maus, dann hoch wie eine Laus, dann ruht er sich aus". Der Ball verliert immer mehr an Wucht und folglich an Höhe, bis er schließlich gleichsam „verhungert" und liegen bleibt. Das Gedicht übt nicht nur durch die treffend gewählten Vergleiche eine nachhaltige Wirkung auf den Leser aus, sondern auch durch seine Textanordnung, die sofort ins Auge fällt: Nach der einleitenden Feststellung „Mein Ball zeigt, was er kann" bringt J. Guggenmos die genannten fünf Vergleiche, die jeweils als „Sinnschritt"[3] in einer Zeile stehen und so vom Leser lesetechnisch leicht aufgefaßt werden können. Sie werden jeweils von „dann", das in eigener Zeile aufgeführt wird, unterbrochen. Es soll also das Hochhüpfen des Gummiballes nachhaltig vor Augen geführt werden.

2. Zur didaktischen Analyse

Das Gedicht bietet in lesetechnischer Hinsicht zum momentanen Zeitpunkt wohl keine Schwierigkeiten mehr für den Leseanfänger. Das „hoch wie" und „dann", die sich wie ein roter Faden durch das ganze Gedicht ziehen, erleichtern neben der klaren Gliederung und Strukturierung des Textes das Sinnverständnis, so daß ein selbständiges stilles Erlesen dem Erstkläßler durchaus zugetraut werden kann. Um die Sinnerschließung zu erleichtern, läßt man einen Gummiball vor den Augen der Kinder hochprellen und den Vorgang versprachlichen. Somit ist die anschauliche Grundlage für das Sinnverständnis gegeben. Als zusätzliche Erschließungsmethoden eignen sich besonders das Ersprechen gemäß dem bekannten Satz von E. Drach[4]: „Die Erarbeitung des Vortrages ist die Durchnahme selbst". Das Nachstalten unter 3.4 (Die Kinder bearbeiten ein Arbeitsblatt) stellt eine passende Verarbeitungsmaßnahme dar.

Lernziele: Die Kinder sollen

1. das Gedicht in Gestalt eines Lückentextes erlesen und die Lücken mit passenden und treffenden Wörtern füllen,
2. die vom Dichter getroffene Wortwahl verstehen,
3. das Gedicht angemessen vortragen,
4. ein Arbeitsblatt bearbeiten können.

3. Zur Verlaufsplanung

3.1 Hinführung

1. Stummer Impuls: der Lehrer zeigt einen Gummiball.
2. Die Kinder beschreiben und berichten Erlebnisse vom Ballspielen. Damit sich das Gespräch nicht nur auf die fußballspielenden Buben beschränkt, sollte die Lehrkraft steuernd eingreifen. Impuls: Die Mädchen spielen sicher auch interessante Spiele mit dem Ball! Um möglichst viele Kinder zum Sprechen zu aktivieren, empfiehlt sich das Partnergespräch, bevor dann einige Kinder stellvertretend für ihre Klassenkameraden ihre Erlebnisse vortragen dürfen.
3. Einengender Gesprächimpuls: Man kann auch alleine mit dem Ball spielen! Die Kinder berichten und demonstrieren mit dem Ball vor der Klasse.
4. J. Guggenmos (Wir kennen ihn vom Gedicht „Weihnachten") hat auch einmal einem Ball zugeschaut und aufgeschrieben, was sein Ball alles so konnte. Das Gedicht heißt: „Mein Ball".

3.2 Textbegegnung

1. Die Lehrkraft legt den Kindern den Text (vorbereitete Tafelanschrift oder Tageslichtschreiber) als Lückentext vor. Die Vergleiche („Mann, Kuh, Kalb, Maus, Laus") sind ausgespart.
2. Die Kinder erlesen den Text selbständig still (Differenzierung: Mit den Leseschwächeren liest die Lehrkraft direkt) und füllen die Lücken mit einem passenden Wort (Partner- oder Stillarbeit) aus.
3. Auswertung: Die von den Kindern gefundenen Ausdrücke werden neben die Leerstellen in Klammer geschrieben. Die Wortwahl soll durch die Kinder nach Möglichkeit begründet werden!

---

1 H. J. Gelberg: Mein Ball. Aus: Die Stadt der Kinder. Recklinghausen 1969.
2 Winfried Pielow: Das Gedicht im Unterricht. München 1970, S. 70.
3 J Greil/A. Kreuz: Umgang mit Texten in Grund- und Hauptschule. Donauwörth, S. 112.
4 Gert Kleinschmidt: Theorie und Praxis des Lesens. Frankfurt 1971, S. 123 (Zitatübernahme).

4. Nun werden die Begriffe des Autors eingesetzt (evtl. als Wortkarten vorbereitet) und erlesen, bis der Inhalt von den Kindern erfaßt worden ist.

3.3 Texterschließung

1. Teilziel: Erschließen des Grundgestaltungsgedankens

1. Die Kinder erhalten den Auftrag zu überlegen, warum wohl J. Guggenmos gerade diese Wörter gewählt hat. Wenn die Ergebnisse nicht zufriedenstellen, läßt man den Gummiball noch einmal demonstrativ hochprellen mit dem Auftrag, genau die Höhe des Balles zu verfolgen.
2. Tafelzeichnung:

2. Teilziel: Erschließen der Klanggestalt und Form

Hinweise für einen angemessenen Vortrag:

1. Nach „Mein Ball" keine Pause setzen!
2. Das „hoch wie", das fünfmal wiederholt wird, sollte laut und prahlerisch gelesen werden! Erarbeitung über Leseversuche, keine Vorgabe!
3. Das jeweilige Vergleichswort („Mann", „Kuh" . . .) betonen lassen!
4. Nach „dann", das jeweils alleine in einer Zeile steht und das Aufprellen des Gummiballes auf den Boden darstellen soll, unbedingt eine Pause setzen!

3.4 Nachgestaltung

Die Kinder erhalten ein Arbeitsblatt (möglichst Querformat!) nach folgendem Muster (s. u.). Sie füllen die Lücken und versuchen die Textanordnung zu begründen. Die Lehrkraft greift, wenn nötig, ein. (Das Hochprellen soll durch diese Textanordnung noch stärker verdeutlicht werden!)
Zum Abschluß: nochmals Vortrag des Gedichtes!

4. Zur Weiterführung

Um die Aussage des Dichters visuell zu verdeutlichen, bietet sich als Alternative zu 3.4 das Schreibgestalten an. Die Kinder schreiben das Gedicht (evtl. auch Arbeitsblatt mit Lücken!) und betonen die Vergleiche durch größere Darstellung bzw. Wechsel in der Schrift (z. B. Wechsel von Druck- und Schreibschrift, Größe, Dicke und Weite).

Mein Ball zeigt, was er kann,

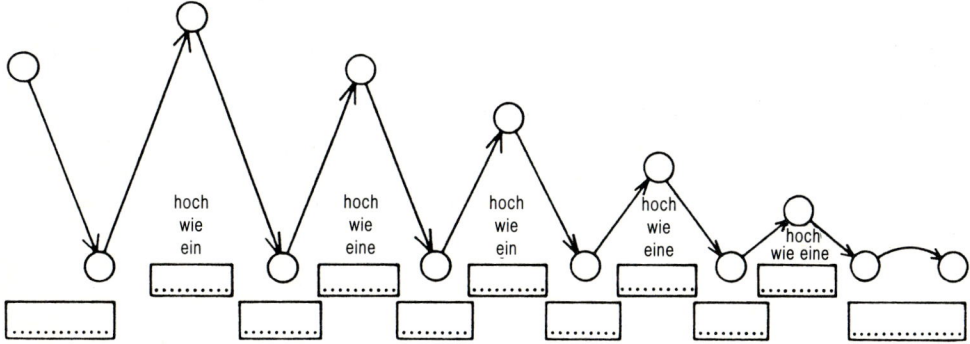

Sieben kecke Schnirkelschnecken

Sieben kecke Schnirkelschnecken
saßen einst auf einem Stecken,
machten dort auf ihrem Sitze
kecke Schnirkelschneckenwitze.
Lachten alle so:
„Ho, ho, ho, ho, ho!"

Doch vor lauter Ho-ho-Lachen,
Schnirkelschneckenwitze-Machen,
fielen sie von ihrem Stecken:
alle sieben Schnirkelschnecken.
Liegen alle da.
Ha, ha, ha, ha, ha!

Josef Guggenmos

Josef Guggenmos: „Sieben kecke Schnirkelschnecken"

1. Zur Sachanalyse

Josef Guggenmos[1] möchte mit seinem Kindergedicht von den Schnirkelschnecken[2] den Kindern Freude bereiten, sie für Poesie, Klang, Reim und Rhythmus empfindsam machen. Das Gedicht entspringt der Phantasiewelt der Kinder. Schnecken können Witze erzählen und lachen. Der Inhalt ist sehr einfach und leicht zu verstehen. Auffallend sind die lautmalenden Elemente. Es herrschen vorwiegend K-Laute vor (keck, Schnirkelschnecke, Stecken). Guggenmos benutzt vorwiegend I- und E-Laute, die das Witzeerzählen der Schnecken und den lustigen Charakter des Gedichtes bewirken. Das Gedicht besteht aus zwei Strophen zu je sechs Zeilen. Der einfache und gleichmäßige Rhythmus (4hebiger und 3hebiger Trochäus) und die Paarreime erleichtern, die harten K-Laute, die spitzen I- und E-Laute unterstützen das rhythmische Aufsagen.

Die erste Strophe beschreibt, was die Schnecken auf ihrem Stecken tun: Witze erzählen. In der zweiten Strophe ändert sich etwas: Sie fallen plötzlich von ihrem Stecken vor lauter Lachen. Während am Ende der ersten Strophe die Schnecken lachen, lacht in der 2. Strophe der Autor (oder der Leser) schadenfroh über den Sturz.

2. Zur didaktischen Analyse

Mit dem vorliegenden Gedicht kann das Empfinden für Poesie bei den Kindern gefördert werden. Inhalt und Rhythmus entsprechen kindlicher Vorstellung und Artikulation. Es bietet sich an, den gleichmäßigen Rhythmus mit Körperinstrumenten zu begleiten. Dies sollte im Mittelpunkt unterrichtlicher Behandlung stehen. Es ist günstig, das Gedicht im Zusammenhang mit dem Heimat- und Sachkundeunterricht zu behandeln: Themenbereich Kind und Natur: Erfahren des vielfältigen Lebens auf der Wiese.

Lesetechnisch sind die Schüler am Ende der ersten Klasse auch in der Lage, den Text zu bewältigen. Der Schwerpunkt liegt jedoch weniger auf dem Erlesen des Gedichtes, sondern vielmehr auf dem Ersprechen und auf der musikalischen Ausgestaltung.

Lernziele: Die Kinder sollen

1. durch Nach- und Ersprechen des Gedichtes für Reim und Rhythmus sensibilisiert werden,
2. ihre Phantasie ausbauen,
3. über Hör-, Sprech- und rhythmische Körperaktivitäten Freude empfinden,
4. zu eigener Kreativität auf literarischem und musikalischem Gebiet motiviert werden.

3. Zur Verlaufsplanung

3.1 Phase der Motivation

Der Lehrer berichtet von einem Spaziergang im Wald. Der Hinweis, daß er dabei ein Tier mit „Hörnern" gesehen hat, erhöht die Spannung bei den Schülern und gibt Anlaß zu vielerlei Vermutungen. Das Bild an der Tafel mit den sieben Schnecken löst die Spannung. Bildimpuls:

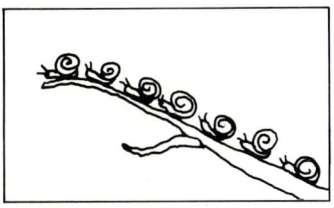

3.2 Phase der Erarbeitung

1. Teilziel: Inhalt und Rhythmus der ersten Strophe

Die Lehrkraft trägt die erste Strophe vor. Beim zweiten Vortrag können die Kinder bereits mitsprechen. Die Begriffe Schnirkelschnecke (denke an das Haus, die Form) und keck (frech, waghalsig) werden geklärt. Der dritte Vortrag wird rhythmisiert. Die Kinder machen Vorschläge zur Gestaltung mit Körper- oder Orffinstrumenten. Vorschlag (Tafelanschrift):

---

1 Josef Guggenmos, geb. 1922 in Irsee/Allgäu, einer der bekanntesten Kinderlyriker und Erzähler, Werke u. a.: Zilli, die Ziege" (1965), „Sieben kleine Bären" (1971), „Hans, mein Hahn" (1972), „Was denkt die Maus am Donnerstag, 123 Gedichte für Kinder" (1967), „Ein Elefant marschiert durchs Land" (1968), „Hausbuch deutscher Sagen und Schwänke" (1972), „Kasperl in Platschanien" (³1980).

2 Josef Guggenmos: Sieben kecke Schnirkelschnecken. Aus: Was denkt die Maus am Donnerstag. München: dtv junior 1971.

Orffinstrumente	Körperinstrumente
1. Zeile: Schellenband (beim Wort Schnirkelschnecken)	1. Zeile: ppppschnschnschnschn
2. Zeile: Klanghölzer	2. Zeile: pppppstst
3. Zeile: Klanghölzer	3. Zeile: pppppppp
4. Zeile: Schellenband beim Wort Schnirkelschneckenwitze	4. Zeile: schn schn schn schn schn schn
5. Zeile: Pause	5. Zeile: Pause
6. Zeile: Triangel (und Pauke)	6. Zeile: kl kl kl kl kl

Zeichenerklärung: kl = klatschen, p = patschen, schn = schnalzen, st = stampfen

Die erste Strophe kann auch abwechselnd von Buben und Mädchen gesprochen werden.

2. Teilziel: Inhalt und Rhythmus der zweiten Strophe

Der Impuls: „Die Geschichte geht noch weiter!" motiviert die Kinder aufs neue.

Bildimpuls:

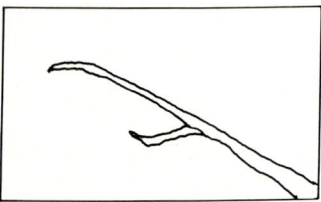

Auf einem zweiten Bild an der Tafel sind alle Schnecken weg. Die Kinder vermuten, was passiert sein könnte. Der Lehrervortrag löst die Spannung. Die Schüler finden wieder eine passende Untermalung mit Orff- und/oder Körperinstrumenten, welche die gleichen (oder ähnliche) wie bei der ersten Strophe sein könnten. Das Schnalzen eignet sich besonders für die I-Laute beim Wort Schnirkelschneckenwitze.

3. Teilziel: Inhalt und Form

Die Gedichtblätter werden ausgeteilt und gelesen. „Wer findet das längste Wort? Das kürzeste?" „Wie oft findet ihr das Wort Schnirkelschnecken?" Wir versuchen, weitere Reimwörter zu bilden. Der Impuls „Am Anfang lachen die Schnecken über ihre Witze, am Ende lacht jemand anderes!" führt zur Erkenntnis, daß jetzt wohl der Dichter oder gar die Kinder selbst lachen.

3.3 Phase der Reproduktion

In einzelnen Gruppen werden nun die von den Kindern selbst gewählten Orff- und Körperinstrumente erprobt, wird die musikalische Begleitung zum Gedicht eingeübt.
Nach mehreren Versuchen und gegenseitigem „Vorspielen" einer Strophe, wobei konstruktive Kritik angebracht werden darf, wird von der ganzen Klasse ein gelungener Schlußvortrag gestaltet.

4. Zur Weiterführung

1. Ausmalen des Gedichtblattes (der Kopiervorlage),
2. Auswendiglernen des Gedichtes,
3. Eintrag in das Gedichtheft bzw. in die Gedichtmappe (Einheften der Kopiervorlage, Eintragen der Instrumente zur Begleitung des Sprechens laut Tafelanschrift),
4. weitere Übung des klanggestaltenden Sprechens mit Begleitung von Orff- und Körperinstrumenten und Aufnahme auf ein Tonband (evtl. Vorspielen während eines Elternabends).

Der beste Mensch auf Erden

Der beste Mensch auf Erden
ich frag' euch, wer das ist.
Es ist die liebe Mutter,
weil sie uns nie vergißt.

Sie schafft für uns von morgens
bis in die späte Nacht,
und jeden Kinderkummer
hat Mutter gutgemacht.

Bruno Horst Bull

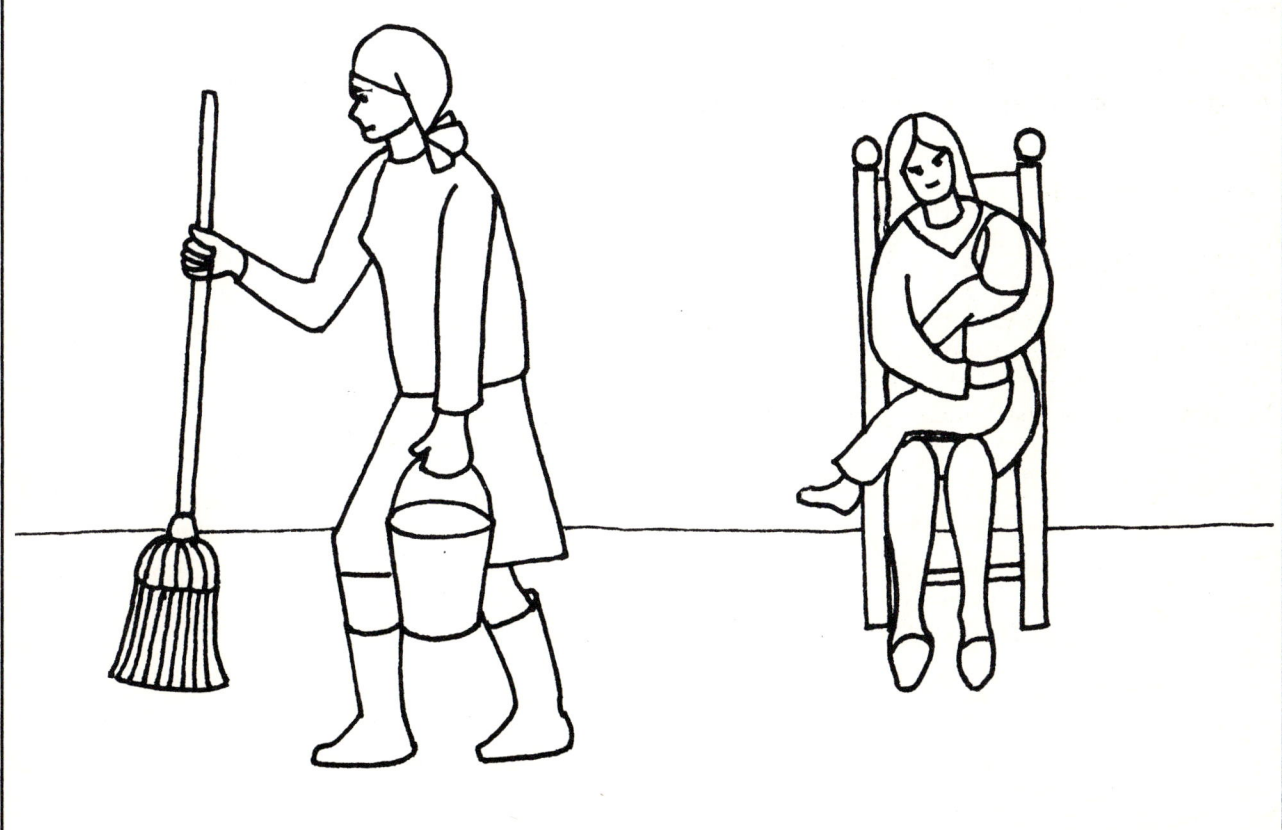

Bruno Horst Bull: „Der beste Mensch auf Erden"

1. Zur Sachanalyse

Das vorliegende Gedicht[1] gehört wegen seiner belehrenden Wirkung und seines verhaltensteuernden Charakters zur Gattung der Lehrgedichte; als solches ist es ein Spruch.[2] Das Mutterbild ist naiv kindlich gezeichnet. Es zeigt uns eine fürsorgliche und aufopfernde Mutter, die nicht nur die materiellen Wünsche des Kindes erfüllt, sondern auch die seelischen Bedürfnisse befriedigt.

Um eine belehrende Wirkung zu erreichen, wählt der Dichter die Form eines sprachlich gebundenen Monologes. Auf die Frage nach dem besten Menschen auf Erden folgt prompt die Antwort, deren Unzweifelhaftigkeit mit drei Begründungen belegt wird. Stellt die erste Strophe den sogenannten Aufgesang dar, so bildet die zweite Strophe den Abgesang. Das Versmaß zeigt einen dreihebigen Jambus, der jeweils im ersten und dritten Vers eine Senkung mehr hat (hyperkatalektisch ist). Der Endreim (abab) wechselt deshalb zwischen klingend und stumpf. Da der Endreim (aa) sich nur in den Vokalen reimt, spricht man von einer Assonanz. Die Liedform tritt dabei unverkennbar heraus.

2. Zur didaktischen Analyse

Die „didaktische Lyrik"[3] trägt eine starke intentionale Komponente in sich. Hier ist es das Anliegen, der Mutter Dank und Anerkennung entgegenzubringen. Die Selbstverständlichkeit, der Mutter öfters Dank zu erweisen, ist einmal durch den terminierten Muttertag, zum andern durch das verlorengegangene Muttersein mancher Frau abhanden gekommen. So kann der kleine Text, so schlicht er auch ist, dazu beitragen, daß ein Kind über dieses Gedicht seiner Mutter Liebe und Dank entgegenbringen kann, daß es einmal erfährt, wenn auch nur mittels dieses Textes, was wirkliche Mutterliebe ist. Bei manchem Adressaten wird vielleicht eine Reflexion ausgelöst, die eine innere Umkehr bewirken kann. In der unterrichtlichen Erarbeitung sollte es nicht so sehr um gattungsspezifische Elemente gehen, sondern vielmehr um eine Bereicherung des kindlichen Lebens und der Sprach- und Ausdruckskraft, um artikulierendes und rhythmisches Sprechen und um die wertorientierten Anliegen der Achtung, Zuneigung, Dankbarkeit und Liebe. Kontinuierliche Sensibilisierung für diese Werte könnte einen wertvollen zukunftorientierten Beitrag zur Erneuerung und Stabilisierung für die kleinste Keimzelle der Demokratie leisten.

Lernziel: Die Kinder sollen

1. dieses Gedicht am Muttertag vortragen können,
2. eine Bereicherung ihres Lebens erfahren,
3. zu einer Dankhaltung sensibilisiert werden,
4. erfahren, daß ich mittels eines Gedichtes Mitmenschen Freude bereiten kann,
5. eine Bereicherung ihrer Ausdruckskraft und Kommunikationsfähigkeit erfahren.

3. Zur Verlaufsplanung

3.1 Phase der Einstimmung

Kurz vor dem Muttertag setzt die Lehrkraft mit Hilfe eines Bildes (Tafelbild, OHP u. ä.) einen optischen Impuls, um die Schüler zu einer mündlichen Sprachgestaltung zu motivieren, die einmal die Schüler auf das zu erwartende Gedicht einstimmt und Fragen zum Muttertag aufreißt.

Die Schüler sollen im Unterrichtsgespräch ihre persönlichen Gedanken, Erlebnisse und Vorhaben zum Muttertag einbringen. Möglichkeiten, der Mutter eine Freude zu bereiten, werden an der Seitentafel schriftlich fixiert, z. B. ein Geschenk basteln oder kaufen, Blumen schenken, Frühstückstisch decken, Mutter Arbeiten abnehmen, ein Lied vorsingen, ein Schmuckblatt gestalten, ein Gedicht aufsagen. Zusammenfassendes Lesen und Wiederholen und die Zielangabe schließen die Motvationsphase ab.

Zielangabe: Ich habe euch etwas für den Muttertag mitgebracht.

Zeichnung: P. Seuffert

---

1 Bruno Horst Bull: Der beste Mensch auf Erden. © B. H. Bull.
2 Diether Krywalski (Hrsg.): Handlexikon zur Literaturwissenschaft. München 1974, S. 92 ff.
3 Oswald Watzke: Umgang mit Texten in der Primarstufe. München ³1979, vgl. S. 12.

Tafelbild:

Der beste Mensch auf Erden

ist

weil sie uns nicht vergißt.

Sie sorgt sich   Sie kümmert sich

Deshalb sind wir der Mutter dankbar.

So können wir Freude bereiten:

3.2 Phase der Textbegegnung

Schüler lesen still das Gedicht. Schwächere Schüler sollten im Rahmen einer Differenzierung vom Lehrer betreut werden, wenn nötig, das Gedicht gemeinsam erlesen.
Es folgt eine Aussprache über das Gelesene und über empfundene Auffälligkeiten. Mehrmaliger Vortrag durch gute Schüler sichert das inhaltliche Verständnis.

3.3 Phase der Textanalyse

1. Teilziel: Inhaltliche Erschließung

In einem Unterrichtsgespräch wird die im Gedicht gestellte Frage beantwortet und begründet: Der beste Mensch auf Erden ist Mutter, weil sie uns nicht vergißt. Wir tragen „Mutter" in das Tafelbild (siehe Tafelbild im Schülerarbeitsheft!) ein:

Mutter

Dann geht es um die inhaltliche Erschließung des „Nicht-Vergessens". Über ein ungeordnetes Sammeln entsprechender Schülerbeiträge könnte sich eine Klassifizierung nach materiellen und ideellen Gesichtspunkten ergeben. Übersichtliche Darstellung im Tafelbild sichert das Erreichte. Wir tragen, wobei die Kinder individuell auswählen dürfen, z. B. folgendes ein:

Sie sorgt sich	Sie kümmert sich
kocht das Essen	hat Zeit für mich
wäscht Kleider	tröstet mich
kauft Spielzeug	hat mich lieb

2. Teilziel: Gehaltliche Erschließung

Im Anschluß an eine kurze Wiederholung dessen, was Mutter für uns alles aufbringt, wird die Einsicht erarbeitet, daß wir der Mutter Dank schulden. Die Erkenntnis könnte als Satz so formuliert werden:
„Deshalb sind wir der Mutter dankbar!" Wie wir der Mutter danken und Freude bereiten können, erarbeiten wir im Unterrichtsgespräch. Dabei tragen wir z. B. folgendes in das Tafelbild (Kopiervorlage) ein:

Wir schenken Blumen

sagen das Gedicht auf

wir helfen

3. Teilziel: Erschließen der Klanggestalt

Aus dem Wissen um das Anliegen des Gedichtes soll gemeinsam nach einem sinngestaltenden Vortrag gerungen werden. Vorlesen, teilweise auch gemeinsames Vor- und Nachsprechen, gestalten die Sprachform aus. Eine Gesamtzusammenfassung rundet die Stunde ab.

4. Zur Weiterführung

Gestaltung eines eigenen Gedichtblattes mit Illustration im Sinne eines Schmuckblattes; Suchen anderer Muttertagsgedichte; Zeichnerisches Ausgestalten des Gedichtblattes; Fertigen kleiner Geschenke im Rahmen der Handarbeit im Sinne einer Fachintegration.

Die ganze Familie

Der Vater, der heißt Daniel,
der kleine Sohn heißt Michael,
die Mutter heißt Regine,
die Tochter heißt Rosine,
der Bruder, der heißt Kristian,
der Onkel heißt Sebastian,
die Schwester heißt Johanna,
die Tante heißt Susanna,
der Vetter, der heißt Benjamin,
die Base, die heißt Katharin,
die Oma heißt Ottilie –
nun kennst du die Familie.

Unbekannt: „Die ganze Familie"

1. Zur Sachanalyse

In diesem Mitweltgedicht[1] wird die Familie, das Thema der primären Sozialisation, angesprochen. Es enthält in einer einfachen Aufzählung die Verwandtschaftsgrade mit den dazugehörigen Vornamen. Insgesamt sind es zwölf Verse, also sechs Reimpaare, in denen die Großfamilie, in die Onkel, Tante, Vetter und Base eingeschlossen sind, aus der Erzählperspektive vorgestellt wird. Die Monotonie dieser elf Reihensätze, gebildet aus ein und demselben Prädikat „heißt", wird abgeschwächt einmal durch den Rhythmuswechsel (vier Hebungen mit männlichem Endreim: drei Hebungen mit weiblichem Endreim), zum andern durch die Reimpaare. Diese Reimpaare, in denen die elf Vornamen aneinandergereiht sind, machen den eigentlichen lyrischen Reiz dieses lustigen Kindergedichtes aus.

2. Zur didaktischen Analyse

In formaler Hinsicht sollte deshalb der Reim als gattungsspezifisches Merkmal der traditionellen Lyrik im Mittelpunkt unserer Gedichtstunde stehen. Dies kann methodisch dadurch organisiert werden, daß die gereimten Vornamen gesprochen, gerufen und gesungen werden, daß mit weiteren Vornamen und anderen Wörtern Reimspiele durchgeführt werden.

In inhaltlicher Hinsicht sollten die Kinder angeregt werden, über ihre Familie nachzudenken. Sie finden zuerst aus dem Text heraus, wer alles zu der vorgestellten Familie gehört und zählen dann die eigenen Familienmitglieder auf. Dabei werden sie vergleichend feststellen, daß es sich einmal um eine Großfamilie, im eigenen Falle vermutlich um eine Kleinfamilie handelt. Das persönliche Betroffensein kann noch dadurch erhöht werden, daß für die Erzählung, für das spätere Eigengedicht, die Ich-Form gewählt wird:

Meine ganze Familie

Mein Vater, der heißt Fritz,
unser Dackel, der heißt Blitz,
meine Mutter heißt Maria
und ich, ich heiße Pia.

Abschließend könnte das Unterrichtsgespräch auch auf den Sinn der Familie gelenkt werden, auf den notwendigen Zusammenhalt, auf die gegenseitige Hilfe und Liebe. Der Niederschlag dieser Gedanken könnte sich im zu erarbeitenden Tafelbild finden.[2]

Lernziele: Die Kinder sollen

1. Freude an den gereimten Vornamen und an neuen Reimspielen haben,
2. den Begriff „Reim" wieder erkennen und anwenden,
3. über Klein- und Großfamilie und die gegenseitige Hilfe und Liebe in der eigenen Familie ein bißchen nachdenken,
4. Reihensätze (ein eigenes „Gedicht") mit und ohne Reime über die eigene Familie bilden können.

3. Zur Verlaufsplanung

3.1 Einstieg

| F |
| Fa |
| Fam |
| Fami |
| Famil |
| Famili |
| Familie |

1. Wortimpuls (aufbauende Tafelanschrift):
   Freie Aussprache.
   Alternativvorschlag: Bildimpuls („Familienbild" siehe Kopiervorlage!)
2. Unterrichtsziel: Wir lernen das Gedicht „Die ganze Familie" kennen.
3. Vermutungsphase: Was alles könnte da erzählt werden?

3.2 Textbegegnung

1. Lehrervortrag (eindrucksvoll).
2. Freie Aussprache (Vergleich mit Vermutungen).
3. Schülerdarbietungen (zwei oder drei gute Leser/Leserinnen).

---

1 Unbekannt: Die ganze Familie: Aus: H. K. Wachinger (Hrsg.): Das schwarze, weiße, runde, bunte Vorlesebuch für Mütter und Kinder. Langewiesche/Brandt, Ebenhausen o. J.
2 Siehe auch Kopiervorlage (S. 67)!

3.3 Texterschließung

1. Teilziel: Formbetrachtung:

Der Reim

Vorsprechen, Nachsprechen, Rufen und Singen der elf Vornamen; Herausschreiben der Reim-Paare (Tafel): farbiges Unterstreichen dabei; Reimspiele mit neuen Wörtern als „Kettenspiel": Ein Kind sagt „Fritz", das andere „Blitz", dann „Maria", darauf „Pia" (reihum durch Aufruf). Wer findet das Reim-Wort? Tafelanschrift:

> Daniel
> Michael
> Regine
> Rosine
> usw.
> Reime

2. Teilziel: Inhaltsbetrachtung:

Die Familie

Nennen (Lesen) der Verwandtschaftsbezeichnungen aus dem Text; Unterrichtsgespräch über Großfamilie, wie im Gedicht, über Kleinfamilie, zu der nur Eltern und Kinder gehören; entwickelndes Gespräch, um das Tafelbild zu erarbeiten: Wir halten zusammen, helfen uns, haben uns gern.

Tafelbild:

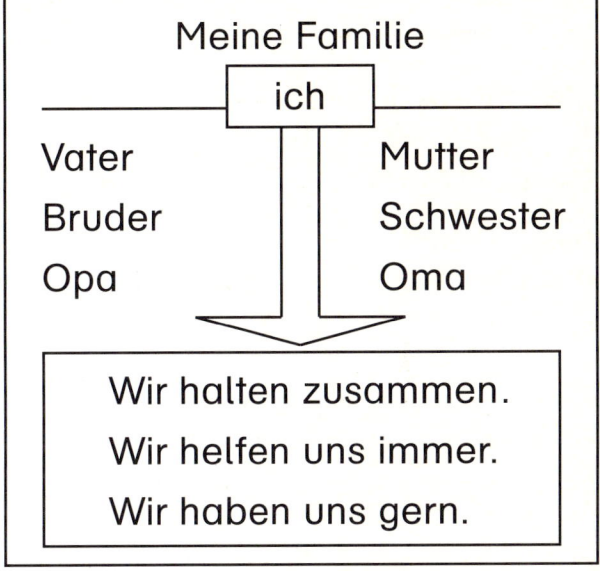

3. Teilziel: Sprachgestaltung:

Meine Familie

Die Kinder lesen das Gedicht und setzen dabei die Vornamen aus ihrer eigenen Familie ein. Sie verwenden die Ich- und Wirform.

3.4 Zusammenfassung

1. Vorlesen der Schülergedichte
2. Einzel- und Chorlesen der Tafelanschrift, des Gedichtes
3. Stellung der Hausaufgabe: Abschreiben des Gedichtes (nur Verse mit Vater, Mutter, Tochter, Bruder, Oma, Opa), dabei Namen aus der Familie einsetzen (mit oder ohne Reim); wer will, kann ein Gedicht (mit Reimpaaren) aufschreiben.

4. Zur Weiterführung

Auswerten der Hausaufgabe; Ausmalen des Gedichtblattes; Eintrag des Tafelbildes ins Leseheft; eigenes Familien-Gedicht schreiben; Kunsterziehung: Selbstporträt, Porträt des Vaters, der Mutter usw.

Kinderküche

Ratet, ihr Leut,
was kochen wir heut?
Erdbrei mit Grassalat
schmeckt, wenn man Hunger hat.

Was trinkt man dazu?
Aus meinem Schuh
ein Regenbier,
das lob ich mir!

Schlammkaffee und Sandkuchen
könnt ihr auch versuchen,
und für arme Schlucker
ein Stück Steinezucker.

Das Ziegelbrot
ist ein bißchen rot,
verbrannt ist es mir,
ich kann nichts dafür.

Aber jetzt, meine Lieben,
dageblieben
und nach dem Naschen
Geschirr abwaschen!
                    Richard Bletschacher

Richard Bletschacher: „Kinderküche"

1. Zur Sachanalyse

Richard Bletschacher[1] führt auch uns Erwachsene mit seinem Gedicht „Kinderküche"[2] in die Phanatsiewelt des Kindes.

In der ersten Strophe wird der Leser neugierig gemacht durch die Frage, was wohl heute gekocht werde.

In der zweiten Strophe erfährt der Leser dann, womit der Durst gestillt werden könnte. Alles, was für das Kaffeestündchen nötig ist, beinhaltet die dritte Strophe. Nach der Entschuldigung für das Mißgeschick des verbrannten Ziegelbrotes ist eine Zäsur. Wie in der Realität wird mit „erhobenem Zeigefinger" auf die lästige Pflicht des Geschirrabwaschens hingewiesen. Der Inhalt der letzten Strophe gilt nicht nur für eine Kinderküche! Hier schaltet sich der Dichter selbst ein in das kindliche Spiel.

Mit einfachen sprachlichen Mitteln wird aus der normalen Küche eine Küche der Kinder: Es gibt hier keinen Salat, keinen Brei, kein Bier, sondern: Erdbrei, Grassalat, Regenbier, Schlammkaffee, Sandkuchen, Steinezucker und Ziegelbrot. Der Dichter baut sein Gedicht in fünf Strophen zu je vier Zeilen auf. Das Gedicht ist frei rhythmisch und eignet sich daher nicht für eine musikalische Begleitung oder zu rhythmischem Sprechen. Der Schwerpunkt liegt auf dem Inhalt. Das Aufsagen des Gedichtes wird jedoch durch die Paarreime erleichtert.

2. Zur didaktischen Analyse

Die Behandlung des Gedichtes bietet sich an im Zusammenhang mit dem Thema „Spielen" des Heimat- und Sachkundeunterrichts im ersten Jahrgang.

Lesetechnisch sind die Kinder gegen Ende der ersten Klasse soweit fortgeschritten, daß sie das Gedicht selbständig erlesen können.

Die Schüler können sich mit den Kindern im Sandkasten identifizieren, deren „Kochkünste" nachvollziehen und von eigenen „Mißerfolgen" oder gar von denen der Mutter berichten.

Die erzieherische Wirkung der letzten Strophe entgeht den Kindern nicht. Auch zu Hause erfahren sie, daß nach dem Essen zumindest abgeräumt werden muß.

Die Verspaare erkennen die Schüler schnell. Vorübungen zum Auffinden von Reimen sollten in vorhergehenden Gedichtstunden bereits stattgefunden haben.

Lernziele: die Kinder sollen

1. Freude empfinden beim Lesen und Spielen des Gedichtes,
2. in ihrer Phantasie angeregt werden,
3. das Gedicht klanggestaltend vortragen können,
4. die Reimwörter entdecken und selbst welche erfinden.

3. Zur Verlaufsplanung[3]

3.1 Phase der Motivation

Wortimpuls (Tafelanschrift): „Ratet ihr Leut, was kochen wir heut?" An der Tafel werden die bevorzugten Speisen der Kinder festgehalten. Im anschließenden Unterrichtsgespräch erzählen die Kinder von eigenen Kochversuchen – vom Gelingen und Mißlingen.

3.2 Textbegegnung

Freier Lehrervortrag.

Die Schüler äußern sich zunächst spontan zum Gehörten. Eventuell kann ein zweiter Vortrag folgen.

Nachdem der Text ausgeteilt ist, liest die Lehrkraft (oder ein guter Leser) vor. Der Begriff „armer Schlucker" wird geklärt. Die Schüler berichten von eigenen „Kochversuchen" (im Sandkasten).

---

1 Richard Bletschacher, geb. 1936 in Füssen/Allgäu, Chefdramaturg der Wiener Staatsoper, Librettist, Übersetzer, Lyriker, Werk u. a. „Tamerland" (1973), ein Anti-Heldenroman für Jugendliche um den Mongolendespoten Timur-lenk, geb. 1336.
2 Richard Bletschacher: Kinderküche. Aus: Frohes Lernen. 2. Teil, hrsg. von Erika Kunschak. Stuttgart o. J.
3 vgl. Oswald Watzke/Peter Högler/Günter Krönert: Interpretationen zu „Gedichte für Grundschulkinder", 1./2. Jahrgangsstufe. Donauwörth ²1988.

3.3 Texterschließung

3.3.1 Erschließen des Gehaltes

Die Kinder erkennen, warum es sich nicht um eine „normale" Küche handelt. In Partnerarbeit unterstreichen sie all die Wörter, die verraten, daß es sich um ein Spiel im Sandkasten handelt.
Tafelanschrift: Erdbrei, Grassalat, Regenbier, Schlammkaffee, Sandkuchen, Steinezucker und Ziegelbrot.

Die Kinder erklären, warum ihnen das Gedicht gefällt (Wortwahl, Reime).

Die Lehrkraft gibt den Auftrag zu versuchen, aus der „Kinderküche" eine „Erwachsenenküche" zu machen. Die Schüler probieren aus, wie das Gedicht klingt, indem sie den vorderen Teil der zusammengesetzten Namenwörter weglassen. Tafelanschrift: rechte Spalte. Die Schüler finden heraus, daß jeweils der erste Wortteil auf das Spiel im Sandkasten hindeutet. Erst durch die zusammengesetzten Namenwörter wird das Gedicht lustig.
Der Impuls „etwas in dem Gedicht kann auch bei euch daheim passieren" macht auf das Mißgeschick in der vierten Strophe aufmerksam. Der weitere Impuls „etwas muß auch daheim geschehen, wie beim Sandkastenspiel" bringt die Kinder zur Erkenntnis, daß nach dem Essen das Geschirrabwaschen nötig ist.

Tafelbild:

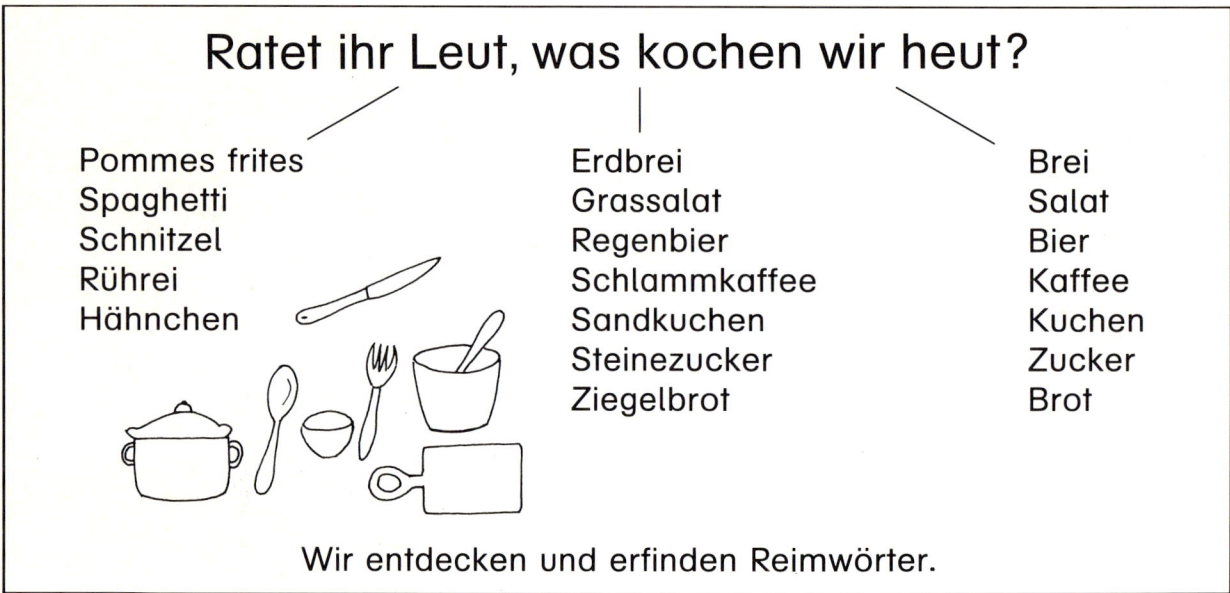

3.3.2 Betrachten der äußeren Form

Daß es sich um ein Gedicht handelt, erkennen die Kinder am Reim. In Einzelarbeit oder Partnerarbeit: Reimwörter suchen und jeweils in derselben Farbe markieren.
Die Schüler lernen dabei, daß hier jeweils zwei passende Reimwörter untereinander stehen und ein Reimpaar bilden.
Kreative Übungen schließen sich an: Die Kinder finden zu Wörtern wie Schuh, Bier, Brot etc. neue Reimwörter. Wer findet die meisten?

3.3.3. Erschließen der Klanggestalt

Leseübung: Durch Vor- und Nachsprechen gelingt es den Kindern, den Melodiebogen herauszufinden. Auch das zeilenübergreifende Lesen muß geübt werden. Besonderer Wert ist auf die Fragesätze, den Ausrufesatz und die kurze Pause vor der letzten Strophe zu legen.

4. Zur Weiterführung

Ausmalen des Textblattes, evtl. ergänzen; Auswendiglernen und Spielen (Pantomime); Reimspiele und evtl. Erfinden einer weiteren Strophe; Einheften des Gedichtblattes ins Gedichtheft.

Die Nadel sagt zum Luftballon:

„Du bist rund,
ich bin spitz.
Jetzt machen wir beide
einen Witz.
Ich weiß ein lustiges
Schnettereteng:
Ich mache pick,
und du machst peng!"

Josef Guggenmos

Josef Guggenmos: „Die Nadel sagt zum Lufballon"

1. Zur Sachanalyse

Jedes Kind hat schon erlebt, wie schnell sogar der schönste und bunteste Luftballon, den man gerade noch voller Stolz besessen hat, bei einer kleinen Unachtsamkeit zerplatzt. Dies geht um so schneller, wenn sich eine spitze Nadel, wie in dem achtzeiligen Kindergedicht von J. Guggenmos[1] dargestellt, mit dem zarten Luftballon in ein gefährliches Spiel einläßt. Dies weiß vermutlich auch der Luftballon. Um den Luftballon zu übertölpeln, wendet die Nadel eine häufig geübte List an: Sie verspricht dem Luftballon ein „lustiges Schnettereteng". Schnettereteng? Hoffentlich denkt der Luftballon nicht zu lange über das geheimnisschwere Wort nach und durchschaut rechtzeitig das hinterlistige Spiel und erkennt, daß in dem lustigen Schnettereteng das tödliche „Peng" versteckt ist, das auf einen günstigen Moment wartet um zuzustechen. Guggenmos beantwortet uns die Frage nicht, wie das lustige Schnettereteng für den Luftballon endet. Er läßt die Frage offen. Grundsätzlich sind zwei Möglichkeiten denkbar:

1. Der Luftballon verfällt der (sprachlichen) Verführungskunst der Nadel.
2. Er durchschaut das tödliche Spiel, was – im Sinne des üblichen „happy-end-Denkens" – dem Wunschdenken der Erstkläßler eher entspricht.

Das vorliegende Kindergedicht trägt somit deutlich lehrhafte Züge, die auf kindgemäße Weise in einem ersten Jahrgang bewußt gemacht werden wollen.

2. Zur didaktischen Analyse

In der Hinführungsphase werden die Kinder durch die Darstellung von Luftballon und Nadel mit dem Unterrichtsgegenstand unmittelbar konfrontiert und angeregt, sich frei zu äußern, was die Nadel zum Luftballon sagen könnte. So wird eine Leseerwartung[2] erzeugt.
Um die Phase der Textbegegnung möglichst intensiv zu gestalten, wird die Methode des schrittweisen Erlesens[3] gewählt. Die erste Zäsur erfolgt nach der Zeile vier. Nachdem die Kinder über den weiteren möglichen Verlauf der Handlung nachgedacht haben, erlesen sie selbständig das Ende. Das stille Erlesen dürfte auf dem momentanen Stand der Lesefähigkeit und -fertigkeit in Verbindung mit dem lauten Vortrag des Lesers durchaus angebracht sein.
Damit das Gedicht in der Phase der Sinnerschließung im Sinne der „Lebenshilfe"[4] wirken kann, muß den Kindern bewußt gemacht werden, daß die Frage nicht beantwortet werden kann, und daß wir aufgerufen sind, uns unseren eigenen Schluß (Methode der Eigengestaltung) auszudenken. Die Antworten, die es zu würdigen und zu werten gilt, enthalten die erzieherische Wirkung, die von diesem Gedicht ausgehen kann.
In sprachlicher Hinsicht wird es durch das sprachproduktive und -schöpferische Tätigsein beim Schüler seine Wirkung nicht verfehlen, wenn er auf die Worte der Nadel eine passende Antwort des Luftballons finden und diese im Bezug zum Text begründen soll.

Lernziele: Die Kinder sollen

1. das Gedicht möglichst selbständig still erlesen,
2. das Gedicht angemessen klang- und ausdrucksgestaltend vortragen,
3. den Inhalt und Sinngehalt erfassen,
4. eine passende Antwort auf die Worte der Nadel finden, vortragen und begründen.

3. Zur Verlaufsplanung

2.1 Hinführung (Sitzkreis)

1. Die Lehrkraft öffnet die Tafel, auf der unter der Überschrift eine Nadel und ein Luftballon dargestellt sind.
2. Es erfolgt eine kurze Aussprache, an die sich der Auftrag anschließt: „Du darfst mit deinem Nachbarn überlegen, was die Nadel dem Luftballon sagt!"
3. Überleitung: J. Guggenmos (Wir kennen ihn schon vom Gedicht „Weihnacht" und „Ball") hat uns aufgeschrieben, was die Nadel zum Luftballon sagt. Du darfst es selbst lesen! (Austeilen der Gedichtblätter)

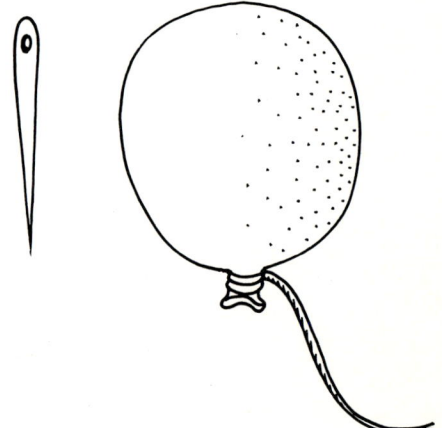

1 Josef Guggenmos: Die Nadel... Aus: Stadt der Kinder. Recklinghausen 1969.
2 Kurt Franz: Kinderlyrik. München 1979, vgl. S. 151.
3 Hans Glinz: Der Sprachunterricht im engeren Sinne oder Sprachlehre und Sprachkunde. In: Handbuch des Deutschunterrichts. Emsdetten, Bd. I, vgl. S. 274f.
4 H. E. Giehrl/R. Müller: Das Gedicht in der Hauptschule. München 1971, S. 15.

3.2 Textbegegnung

1. Die Kinder erlesen möglichst selbständig die ersten vier Zeilen. Den schwächeren Lesern hilft die Lehrkraft.
2. Nach einer kurzen Aussprache dürfen die Kinder überlegen und vermuten, welchen Witz beide machen könnten (Partnergespräch) und ihre Vermutungen der Klasse vorstellen.
3. Die Kinder erlesen den Schluß des Gedichtes wie eben dargestellt.
4. Damit der Inhalt auch jedem Kind ins Bewußtsein gelangt, trägt die Lehrkraft (oder ein guter Leser) das ganze Gedicht laut vor.

3.3 Texterschließung

1. Teilziel: Erschließen des Inhalts, der Sprachgestalt und des Gehalts

Es erfolgt eine klärende Aussprache, in der unter Einbezug des Vortrags der jeweiligen Textstelle herausgestellt wird, welches „lustige Schnettereteng" die Nadel anstrebt, das der Luftballon nicht herausfinden soll. Das geheimnisvolle „Schnettereteng" (ein Kind umschrieb mit „Dideldumdei") hält das „peng" schon in sich versteckt. Ob der Luftballon dies rechtzeitig merkt?

2. Teilziel: Fortführen des Inhalts und Gehalts

Die Frage, ob der Luftballon auf die List der Nadel hereinfällt oder nicht, beantwortet uns *Guggenmos* nicht. Die Kinder denken sich einen möglichen Schluß aus (Partnergespräch) und stellen ihn vor. Die Lösungen werden kritisch durchleuchtet. Wir überlegen nun, wie wir als Luftballon reagieren würden und begründen unsere Aussage.

3. Teilziel: Erschließen der Klanggestalt

Hinweise zum möglichen Vortrag:

- Die Kinder versuchen zunächst selbst eine angemessene Klanggestalt zu finden, in dem sie das Gedicht ihrem Nachbarn vorlesen.
- Hinsichtlich der Lautstärke und der Ausdrucksgestalt muß die Nadel sehr geschickt („leise, verführerisch . . .") zu Werke gehen, damit der Luftballon auf das Schnettereteng eingeht. „Du", „ich", „lustiges Schnettereteng", „pick" und „peng" sind Sinnwörter[5] und folglich deutlich zu betonen (evtl. unterstreichen!). „Pick" und „peng" besonders deutlich artikulieren lassen!

4. Zur Weiterführung

Um das Vorhaben der Nadel besonders eindrucksvoll zu veranschaulichen, könnte man mit Hilfe der Schreibgestaltung die tragenden Begriffe wie „Schnettereteng. . ." durch einen Wechsel in der Schrift (Schreibschrift z. B.) oder in der Schriftgröße und -anordnung hervorheben.
Der von den Kindern gefundene Schluß, also die Antwort des Luftballons, könnte an das Gedicht von *Guggenmos* angefügt werden. Oder ist er auf die Nadel hereingefallen, weil er nicht antwortet?

---

5 J. Greil/A. Kreuz: Umgang mit Texten in der Grund- und Hauptschule. Donauwörth 1971, S. 112.

Riesenspaß

Durch die Sommerwiesen tanzen
wie ein Schmetterling,
tollen wie die wilden Hummeln,
oh, das ist ein Ding!
Fröhlich wie ein Heupferd hüpfen
macht uns großen Spaß,
durch Gebüsch und Zäune schlüpfen,
ja das ist doch was:
das macht Riesenspaß!

Bruno Horst Bull

Bruno Horst Bull: „Riesenspaß"

1. Zur Sachanalyse

Das Gedicht „Riesenspaß" von B.H. Bull[1] strahlt eine heitere und gelöste Atmosphäre aus und vermittelt uns Erwachsenen das Bild ungetrübter, ursprünglicher Kinderfreude. Dies erreicht der Dichter neben dem angesprochenen Erlebnishintergrund durch die passend gewählten Vergleiche: „tanzen wie ein Schmetterling", „tollen wie eine wilde Hummel", „fröhlich wie ein Heupferd hüpfen". Dieses typische Gestaltungsmittel könnte man am Ende des 1. Jahrgangs ohne weiteres an diesem Textbeispiel erarbeiten, sofern es nicht schon beim Gedicht von J. Guggenmos „Mein Ball" geschehen ist. Die Sinnerschließung erleichtert der Verfasser den Erstkläßlern dadurch, daß „Sinnschritt"[2], die Untereinheit eines Satzes, und Zeile sich decken. So ist das selbständige Erlesen durch die Kinder und damit verbunden die selbständige Sinnentnahme in der Phase der Textbegegnung ohne weiteres möglich. Die Reimstruktur dieses Gedichtes analysieren zu wollen, dürfte wohl verfrüht sein.

2. Zur didaktischen Analyse

Der Erlebnishintergrund, den B.H. Bull ausgewählt hat, ist sicherlich von allen Kindern unmittelbar erfahren und nachempfunden worden. Welche Kinder (vor allem auch die Mädchen!) tollen nicht ausgelassen auf den blumenübersäten Sommerwiesen umher und schlüpfen nicht durch Gebüsch und Zäune (hier werden besonders die Buben angesprochen!)?

Damit diese unbeschwerte Atmosphäre sich voll entfaltet, könnte und sollte nach Möglichkeit ein Unterrichtsgang zur Wiese (Bezug zur Heimat-/Sachkunde im Fachbereich Biologie!) vorausgegangen sein. Daran ließe sich in der Phase der Hinführung gut anknüpfen, und die Kinder könnten sich zum Thema frei äußern, bevor man in der Phase der Erschließung der Klanggestalt den typischen Erlebnisgehalt dieses Gedichtes durch einen angemessenen, ausdrucksgestaltenden Vortrag in Verbindung mit einer sich daran anschließenden musikalischen Ausgestaltung (Unterlegen des Vortrags mit passender instrumentaler Begleitung) sich voll auswirken und emotional nach- und miterleben läßt.

Lernziele: Die Kinder sollen

1. das Gedicht möglichst selbständig still erlesen,
2. den Erlebnishintergrund nachempfinden,
3. das Gestaltungsmittel des Vergleichs erfassen,
4. einen ausdrucksstarken Vortrag in Verbindung mit einer musikalischen Untermalung gestalten können.

3. Zur Verlaufsplanung

3.1 Hinführung

1. Die Lehrkraft knüpft entweder an den vorausgegangenen Unterrichtsgang zur Sommerwiese an und läßt die Kinder frei berichten oder schreibt die Überschrift „Riesenspaß" an die Tafel und läßt die Kinder sich frei mit ihrem Partner aussprechen, bevor dann einige Kinder stellvertretend für die Klasse erzählen dürfen. („Riesenspaß" muß eventuell geklärt werden: Klassensituation bedenken!)
2. Die Lehrkraft kündigt das Gedicht an: „Welchen Riesenspaß die Kinder in unserem Gedicht erleben, dürft ihr jetzt selbst lesen!"

3.2 Textbegegnung

1. Die Kinder erlesen das Gedicht selbständig still. Leseschwächeren hilft der Lehrer oder ein guter Leser.
2. Nach einer kurzen Aussprache liest die Lehrkraft bzw. ein guter Leser das Gedicht laut vor, um die heitere Atmosphäre des Gedichtes auf die Kinder einwirken und sich entfalten zu lassen.

3.3 Texterschließung

1. Teilziel: Analyse des Erlebnisgehaltes und der Sprachgestalt

1. Es wird nachgelesen, besprochen und laut vorgetragen, was den Kindern solch einen Riesenspaß bereitet. Um die Arbeit möglichst selbständig durch die Kinder erledigen zu lassen, könnte man darauf hinweisen, daß B.H. Bull vier Tätigkeiten nennt, die so viel Freude vermitteln.

---

1 Bruno Horst Bull: Riesenspaß. © B. H. Bull.
2 J. Greil/A. Kreuz, a.a.O. S. 112.

Dabei könnte folgende Tafelanschrift entstehen:

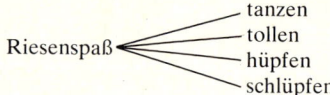

Riesenspaß — tanzen / tollen / hüpfen / schlüpfen

2. Um das typische sprachliche Gestaltungsmittel des Vergleichs den Kindern in seiner Bedeutung bewußt zu machen, könnte man das Gedicht ohne die Vergleiche vortragen. So wird sich sicherlich durch die Gegenüberstellung erarbeiten lassen, welche Bedeutung dem Vergleich zukommt.

Mögliche Tafelanschrift (Fortführung zu oben!):

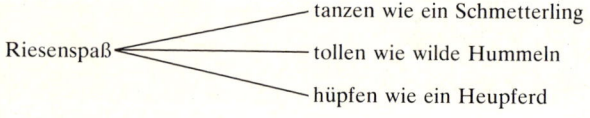

Riesenspaß — tanzen wie ein Schmetterling / tollen wie wilde Hummeln / hüpfen wie ein Heupferd

Wir erkennen:
Der Dichter wählt Vergleiche, damit wir uns den Riesenspaß besser vorstellen können.

2. Teilziel: Erschließen der Klanggestalt

Wie bereits unter 3.1 festgestellt worden ist, wird der angestrebte Vortrag des Gedichtes dadurch erleichtert, daß bei diesem Gedicht Sinnschritt und Zeile sich decken. Es könnten noch zwei Aspekte angesprochen werden, die einen guten Vortrag ermöglichen:

1. Die angemessene Betonung (Redekerne[3]): Um den Kindern eine Hilfestellung zu geben, sollte nach vorherigen Leseversuchen erarbeitet werden, daß die Vergleiche besonders zu betonen sind.
   Fortführung der Tafelanschrift (s. o.: . . .Vergleiche . . .→ besonders betonen!)
2. Die angemessene Pausen- bzw. Nichtpausensetzung: Um rechtzeitig dem bekannten Schülerleierton vorzubeugen, empfiehlt es sich, die Satzzeichen farbig nachfahren zu lassen. So wird den Kinder anschaulich bewußt, wo eine Pause bzw. keine Pause notwendig ist.
3. Um die heitere Atmosphäre in der Klanggestalt noch deutlicher zum Ausdruck zu bringen, könnte man das Orffsche Instrumentarium einbeziehen, selbstverständlich erst dann, wenn der Vortrag unseren Vorstellungen in etwa entspricht. Als Motivation wirkt sicherlich das Tonband, wenn man ankündigt, daß der Vortrag aufgezeichnet wird.
4. Belehrender Hinweis (ohne zu moralisieren!): Vorsicht mit dem Herumtollen auf den Wiesen. Bauern und Jäger schätzen dies nicht sehr, da das Abmähen erschwert und dem Wild, das im Schutze der Wiese lebt, geschadet wird.

4. Zur Weiterführung

1. Die Kinder können das Gedicht für die Schlußfeier am Jahresende auswendig lernen und das Thema „Riesenspaß" bildnerisch umsetzen und darstellen.
2. Der auf das Tonband aufgezeichnete Vortrag mit Unterstützung des Orffschen Instrumentariums kann alternativ mit in die Klassenfeier einbezogen werden.

---

3 J. Greil/A. Kreuz, a. a. O., S. 114.

Verkehrsschild

Wollen wir malen?
Du und ich?
Du malst ein Dreieck,
ich einen Strich.

Dein Dreieck ist rot.
Mein Strich springt hinein.
Das Zeichen ist fertig.
Was mag es wohl sein?

Hildegard Wohlgemuth

Hildegard Wohlgemuth: „Verkehrsschild"

1. Zur Sachanalyse

Die Dichterin Hildegard Wohlgemuth greift in ihrem Kinderreim[1] eine Thematik aus dem sachkundlichen Bereich der Grundschule auf. In ihrem verkehrserzieherischen Anliegen geht es ihr um ein Bewußtmachen und Begreifen des Verkehrszeichens „Gefahrenstelle". Das Verkehrszeichen ist ein rot umrandetes, mit der Spitze nach oben stehendes Dreieck, in dessen weißem Feld sich ein schwarzes Ausrufezeichen befindet. Besonders interessant stellt sich die syntaktische Kodierung dar. Sie beginnt mit einer Anrede. Mit dem Modalverb „wollen" signalisiert die Entscheidungsfrage Bereitschaft und suggeriert dem Adressaten, dem Vorhaben zuzustimmen. Damit Klarheit besteht, wer gemeint ist, wird das Personalpronomen „wir" mit „Du und ich" modifiziert. Nun folgt eine Arbeitsanweisung, die in ihrer Aussage Exaktheit missen läßt. Deshalb ergänzt die zweite Strophe mit zwei Aussagen das Vorangegangene und stellt fest, daß das Zeichen fertig ist. Eine abschließende Frage fordert Auskunft nach dem zeichnerischen Ergebnis. Die Antwort findet sich in der Überschrift: ein Verkehrszeichen.

Dieser differenzierten syntaktischen Kodierung entspricht auch der relativ freie Rhythmus mit daktylischer Prägung. Unrhythmisch gestaltet sich der zweite Vers mit der Häufung von einsilbigen Wörtern „du und ich". Ein erwarteter Wechsel zwischen Hebung und Senkung bleibt aus. Der Gefahr der Eintönigkeit ist die Dichterin durch Zeilenspringen begegnet; es bedingt den Endreim abcb.

2. Zur didaktischen Analyse

Ähnlich den bekannten Kinderreimen „Punkt, Punkt, Komma, Strich ..." oder „Backe, backe, Kuchen, der Bäcker hat gerufen ..." (vergleiche auch die bei der Schreiberziehung verwendeten, rhythmisch gesprochenen Verse[2]!) kann das vorliegende Kindergedicht als Anweisung zum Zeichnen benutzt werden. Das nach dieser Anweisung gestaltete Zeichen, nach dem auch im letzten Vers gefragt wird, kann als Gefahrenzeichen, dem noch der Punkt fehlt, identifiziert werden. So könnte das Gedicht als Einstieg oder als Beitrag zur elementaren Verkehrserziehung eingesetzt werden. Neben diesem fachintegrierenden Ansatz geht es aber vorrangig um fachliche Ziele einer literarischen Erziehung. So vermag dieses Kindergedicht den Spieltrieb (Malen) zu wecken, das Sprech-, Lese- und Sprachvermögen zu fördern, mit Elementen der Lyrik vertraut zu machen, die Phantasie zu aktivieren und einen Beitrag zur Sozialisation und Personalisation des Kindes zu leisten.[3] Es bahnt Gemeinschafts- und Ichbewußtsein, Problembewußtsein und Kommunikations- und Kritikfähigkeit an.

Um die Schüler für das unterrichtliche Vorhaben zu motivieren und Problembewußtsein zu wecken, ist es ratsam, bei der Gedichtbehandlung zunächst die Überschrift wegzulassen.

Lernziele: Die Kinder sollen

1. die im Gedicht kodierte Information zeichnerisch umsetzen können,
2. das Verkehrszeichen „Gefahrenstelle" bewußter begreifen,
3. eine Förderung des Sprech-, Lese- und Sprachvermögens erfahren,
4. für Anliegen der Lyrik sensibilisiert werden,
5. zu Problembewußtsein und Kritik angehalten werden,
6. eine Stärkung im Bereich der Sozialisation und Personalisation erfahren.

3. Zur Verlaufsplanung

3.1 Hinführung

Zu Beginn singt die Klasse das aus der Schreiberziehung bekannte Lied „Zehn kleine Zappelmänner". Zunächst geht es um die gewohnte Form, (hin und her, auf und nieder, rings herum, ins Versteck[4]), dann gibt der Lehrer eine kunterbunte Reihenfolge vor. Die Schüler sollen die sprachliche Anweisung in Bewegung umsetzen.

In einem kurzen Unterrichtsgespräch wird sprachlich zusammengefaßt: Damit wir es nicht falsch machen, müssen wir genau auf die Strophen (soweit bekannt) achten. Nun folgt als nächstes der Kinderreim „Punkt, punkt, Komma, Strich, fertig ist das Mondgesicht". Schüler versuchen mit Zeichenmaterial (Wachsmalstifte, Zeichenblatt) den Kinderreim umzusetzen. Der Lehrer könnte an der Tafel drei Beispiele vorgeben:

---

1 Hildegard Wohlgemuth: Verkehrsschild. Aus: Halle/Janosch/Schüttler-Janikulla: Bilder und Gedichte für Kinder. Braunschweig 1971, S. 12/13.
2 Peter Högler: KEG-Arbeitshilfe Nr. 24. Erstschreiben-Pädagogische und fachdidaktische Anliegen, Würzburg o. J.
3 Kurt Franz: Kinderlyrik. Struktur, Rezeption, Didaktik. München 1979, vgl. S. 146 ff.
4 Richard Rudolf Klein: Willkommen, lieber Tag, Bd. I. Frankfurt 1975, 12. Auflage, S. 41.

Die sprachliche Auseinandersetzung mit den Tafelbildern bahnt genaues Sehen, kritisches Beurteilen und Ichbewußtsein an. Schüler sollen erkennen, daß nur das linke Bild richtig ist. Mehrmaliges Nachvollziehen fördert Artikulations- und Sprechfähigkeit und motorische Bewegung mit der Hand (auch Luftzeichnen möglich).

Zielangabe: Ich habe euch noch ein weiteres Spiel zum Zeichnen mitgebracht.

3.2 Textbegegnung

Die Lehrkraft stellt das Gedicht ohne Überschrift den Schülern vor. (Text wurde auf die Tafel geschrieben, Lehrer öffnet die Tafel). Die Schüler lesen den Text still durch. Anschließend können sich die Schüler über die empfundenen Auffälligkeiten äußern. Einige gute Schüler lesen den Text laut vor, damit auch die schwächeren Schüler inhaltlich informiert sind.

3.3 Texterschließung

1. Teilziel: Inhaltliche Erschließung

In der inhaltlichen Erschließung geht es um das Bewußtmachen eines „Senders" und eines „Empfängers", um die Verteilung der Zeichenaufgabe und um die Rätselfrage am Ende des Gedichtes.
Wenn die inhaltliche Seite geklärt ist (partnerschaftliches Arbeiten mit den entsprechenden Zeichengeräten: Rotstift, schwarzer Stift usw.) dient die Zeichenaufgabe der Lernkontrolle der inhaltlichen Erschließung. Da die Dreiecksform aus dem Bereich der Mathematik bekannt ist, dürfte die geometrische Form den Schülern keine Schwierigkeiten bereiten.

2. Teilziel: Gehaltliche Erschließung

In dieser Phase geht es um die Auswertung der Arbeitsergebnisse und deren korrekte Ausführung. Das richtige Zeichen wird den Schülern vorgestellt; damit können sie die eigenen, partnerschaftlich gestalteten Zeichen kritisch analysieren. Auf das Fehlen des Punktes könnte hingewiesen werden.
Mit dem Begriff „Verkehrszeichen", dessen genaue Bestimmung „Gefahrenstelle" ist, und einem Aufzählen verschiedener Gefahren im Verkehr könnte diese Erarbeitungsphase abschließen.

3. Teilziel: Erschließen der Form

Entsprechende Schülervorträge, sinngestaltet gesprochen, weisen den Text als Gedicht aus. Erkenntnisse, wie „es reimt sich, hat zwei Strophen usw." könnten sprachlich gefaßt werden. Die intentionale Komponente „das Gedicht sagt uns, was zwei Schüler spielen können", sollte herausgestellt werden.

4. Zur Weiterführung

1. Eigenes Ergänzen des Gedichtes: Statt „mein Strich springt hinein" den Vers so formulieren „Punkt-Strich springt hinein";
2. Erfinden eigener Texte zu Verkehrsschildern;
3. Sammeln solcher Spielverse in einem Gedichtheft.[5]

---

5 Siehe hierzu z. B. Klein, a. a. O., Bd. I u. II.

Auswahlbibliographie

Franz, K.: Kinderlyrik. Struktur, Rezeption, Didaktik. München 1979

Haase, K. C.: Das Gedicht im Deutschunterricht. In: Taschenbuch des Deutschunterrichts. Hrsg. v. E. Wolfrum. Baltmannsweiler 1980[3]

Helmers, H.: Lyrischer Humor. Stuttgart 1971

Helmers, H.: Sprache und Humor des Kindes. Stuttgart 1971[2]

Kamke, S.: Der Deutschunterricht in der 1. und 2. Jahrgangsstufe. Donauwörth 1976

Kliewer, H.-J.: Elemente und Formen der Lyrik (mit zwei Textsammlungen für 1/2 und 3/4). Hohengehren 1974

Schweigert, A./Winzer, M./Wirth, H.: Deutschunterricht – in der Praxis erprobt. Deutschstunden für die Grundschule. Donauwörth 1978

Steffens, W. u. a.: Das Gedicht in der Grundschule. Frankfurt a. M. 1973

Watzke, O.: Umgang mit Texten in der Primarstufe. München 1979[3]

Watzke, O. (Hrsg.): Lehrerhandbuch zum Auer Lesebuch für die Grundschule. Band 2, 3, 4. Donauwörth [2]1985

Watzke, O./Högler, P. (Hrsg.): Gedichte für Grundschulkinder (laut Bekanntmachung des Bayer. Staatsministeriums für Unterricht und Kultus vom 6. 5. 85). Donauwörth 1986

Watzke, O./Högler, P./Krönert, G.: Interpretationen zu „Gedichte für Grundschulkinder". Heft für 1/2 und 3/4. Donauwörth 1987

Watzke, O./Haase, K. C./Högler, P./Krönert, G./Werner, M.: Gedichte in Stundenbildern für die Grundschule. Unterrichtsvorschläge mit Kopiervorlagen. Heft 1, 2, 3, 4. Donauwörth 1990